MW01712199

Le traducteur averti

Pour des traductions idiomatiques

Le traducteur averti

Pour des traductions idiomatiques

François Lavallée, trad.a.

linguatech
éditeur inc.

Catalogage avant publication de Bibliothèque et Archives Canada

Lavallée, François, 1963-

Le traducteur averti : pour des traductions idiomatiques

Comprend des réf. bibliogr. et un index.

ISBN 2-920342-48-7

1. Anglais (Langue) – Traduction en français. 2. Anglais (Langue) – Idiotismes.
3. Traduction. 4. Idiotismes – Traduction. I. Linguatech (Firme). II. Titre.

PE1498.2.F74L38 2005 448'.0221 C2005-941526-6

Révision : Françoise Tougas
Correction d'épreuves : Lucie Dubuc
Maquette de la couverture : Martine Raffin
Illustration de la couverture : Robert Dubuc, *À bout d'escalade*
Mise en page : Michel Séguin

© Linguatech éditeur inc., 2005

Dépôt légal : 4e trimestre 2005
Bibliothèque nationale du Québec
Bibliothèque nationale du Canada

Linguatech éditeur inc.
Case postale 92012, Place Portobello
Brossard (Québec) J4W 3K8
Téléphone et télécopieur : (450) 443-9851
lingua@ican.net
http://home.ican.net/~lingua

Toute reproduction interdite, sous quelque forme que ce soit, sans l'autorisation écrite de l'éditeur. Tous droits de traduction et d'adaptation, en totalité ou en partie, réservés pour tous les pays.

Table des matières

Table des abréviations d'ouvrages cités

On trouvera ici non pas une bibliographie complète des documents consultés, ni même cités, mais seulement la liste de ceux qui sont cités de façon abrégée. La plupart du temps, dans le corps de l'ouvrage, les références complètes sont données dans les notes en bas de page.

Bénac	BÉNAC, Henri, *Dictionnaire des synonymes*, Paris, Hachette, 1983.
CALD	*Cambridge Advanced Learner's Dictionary*, http://dictionary.cambridge.org/.
Dag	DAGENAIS, Gérard, *Dictionnaire des difficultés de la langue française au Canada*, Montréal, Pedagogia, 1967.
Darb	DARBELNET, Jean, *Dictionnaire des particularités de l'usage*, Sillery, PUQ, 1986.
DEJ	BALEYTE, Jean, Alexandre KURGANSKY, Christian LAROCHE et Jacques SPINDLER, *Dictionnaire économique et juridique*, s.l., Navarre, 1989.
DTPJE	DREUILHE, A.E et A.E. DEYSINE, *Dictionnaire anglais-français et lexique français anglais des termes juridiques, politiques et économiques*, Paris, Flammarion, 1978.
Dubuc	DUBUC, Robert, *En français dans le texte*, 2e édition, Montréal, Linguatech, 2000.
FBul	BULMAN, Françoise, *Le prépositionnaire*, Québec, L'instant même, 2003.
GDEL	*Grand Dictionnaire encyclopédique Larousse*, Paris, Librairie Larousse, 1982.
GDT	Office québécois de la langue française, *Grand Dictionnaire terminologique*, http://www.granddictionnaire.com.
GR	Canada, Bureau de la traduction, *Le guide du rédacteur*, 2e édition, Ottawa, TPSGC, 1996.
GRob	*Le Grand Robert de la langue française*, 2e édition, Paris, Le Robert, 1985.
H's	*Harrap's Shorter*, Scarborough et Malesherbes, Harrap, 1995.
Hanse	HANSE, Joseph, *Nouveau dictionnaire des difficultés du français moderne*, 2e édition, Paris-Gembloux, Duculot, 1987.
Le Petit Robert	Voir PRob
Meertens	MEERTENS, René, *Guide anglais-français de la traduction*, Paris, Chiron, 2002.
Ménard	MÉNARD, Louis, *Dictionnaire de la comptabilité et de la gestion financière*, Toronto et Montréal, Institut canadien des comptables agréés, 1994.

Multi	DE VILLERS, Marie-Éva, *Multidictionnaire de la langue française*, 3e édition, Montréal, Québec-Amérique, 1997.
PRNP	*Le Petit Robert des noms propres*, Paris, Le Robert, 2004.
PRob	*Le CD-ROM du Petit Robert, version électronique du Nouveau Petit Robert*, Paris, Le Robert, 2001.
RColl	*Robert & Collins*, Glasgow et Paris, Collins et Le Robert, 1978, et version électronique, HarperCollins, 2002.
Termium	Canada, Bureau de la traduction, *Termium*, Ottawa, TPSGC, 2001.
TJ-MJQ	Québec, ministère de la Justice, Commission de terminologie juridique, *Termes juridiques, Vocabulaire anglais-français*, gouvernement du Québec, 1997.
TLF	*Trésor de la langue française informatisé*, http://frantext.atilf.fr.
TR	DELISLE, Jean, *La traduction raisonnée*, 2e édition, Ottawa, Presses de l'Université d'Ottawa, 2003.
VD	VINAY, Jean-Paul et Jean DARBELNET, *Stylistique comparée du français et de l'anglais*, Montréal, Beauchemin, 1977.

Table des sigles et des autres abréviations

A.D.	*Anno Domini*
art.	article
ch.	chapitre
C.P.L.M.	Codification permanente des lois du Manitoba
GRC	Gendarmerie royale du Canada
inf.	infinitif
L.C.	Lois du Canada
L.O.	Lois de l'Ontario
L.R.C.	Lois révisées du Canada
L.R.Q.	Lois refondues du Québec
OLF	Office de la langue française
OMC	Organisation mondiale du commerce
ONU	Organisation des Nations Unies
OQLF	Office québécois de la langue française
OTTIAQ	Ordre des traducteurs, terminologues et interprètes agréés du Québec
par.	paragraphe
qqch.	quelque chose
qqn	quelqu'un
TPSGC	Travaux publics et Services gouvernementaux Canada

À mon épouse Sylvie, dont la présence et l'écoute se sont toujours avérées inestimables,
et à mes trois enfants que j'aime : Alexandre, Laurent et Marie-Luce.

Remerciements

Le nombre de personnes susceptibles de contribuer de près ou de loin à un ouvrage tel que celui-ci est proprement effarant. D'abord et avant tout, qu'il me soit permis de remercier de façon toute particulière mes collègues Eve Renaud, trad.a., et Isabelle Collombat, Ph. D., qui ont eu l'immense gentillesse de relire mes textes afin de les commenter.

Je tiens aussi à remercier Robert Auclair, Louis Jolicœur, Dolorès Ortiz, Ghislain Otis, Simon Roy et Michel Sparer pour leurs contributions ponctuelles fort appréciées.

Internet nous donne aujourd'hui accès non seulement à un corpus textuel presque infini, mais aussi à des personnes en chair et en os qu'on n'aurait pas connues autrement et qui, chacune à leur façon, ont des observations pertinentes à formuler sur certains sujets. Plus particulièrement, j'appartiens à deux groupes de discussion de traducteurs dont de nombreux membres m'ont aidé dans le cours de mes interrogations. Je les nomme ici, en espérant n'en oublier aucun.

Tout d'abord, du groupe de discussion de l'OTTIAQ, que soient remerciés ici Manon Lahaie, Anne-Marie Lavoie, Martine Picard, Paul R. Lyon et Réal Paquette, et surtout Yves Lanthier et Marc-André Laviolette.

Ensuite, du groupe international Lantra[1], je tiens à souligner les précieuses contributions de Tomás Rosa Bueno, Hector D. Calabia, Dennis Collins, Tony Crawford, Paul B. Gallagher, Michael Hughes, Jean-Christophe Helary, David Henderson, Alan Johnson, Maksym Kozub, Susan Larsson, Lien, Carolina Mendez, Catherine Merlen, Izaskun Fuentes Milani, Billy O'Shea, Haydn Rawlinson, Alexandre Rychlewski, Carolyn Perkes, Wilma Peruzzi, Adam Podstawczynski et Patricia Torres.

Il va de soi que je prends l'entière responsabilité des erreurs d'interprétation que j'aurais pu faire à la lecture des messages de ces collaborateurs.

Cette section ne saurait être complète sans une pensée émue pour le concepteur de LogiTerm, Claude Bédard, dont le logiciel a été d'une aide inestimable dans la rédaction du présent ouvrage.

[1] http://www.geocities.com/Athens/7110/lantra.htm.

Avant-propos

On l'a dit assez souvent, mais il n'est sans doute pas vain de le rappeler en ce début de siècle techno-économique : la traduction est une technique, mais aussi un art. Les meilleurs traducteurs sont souvent eux-mêmes des écrivains, ou à tout le moins des rédacteurs, et ce phénomène s'explique par le fait qu'ils connaissent la langue d'arrivée d'abord dans ses atours d'origine, sous toutes ses coutures, si j'ose dire.

Ainsi, bien que la fidélité au sens constitue un souci incontournable du traducteur, le caractère idiomatique du résultat n'en demeure pas moins pour lui une quête de tous les instants. J'irais même jusqu'à dire que c'est ce dernier aspect qui rend son travail aussi fascinant même après de nombreuses années d'exercice. Comme dans tout mariage, c'est la recherche et la découverte incessantes du mystère de l'Autre qui sont garantes de vitalité.

Cette quête du tour idiomatique est parfaitement exprimée par l'anecdote que relatent Jean-Paul Vinay et Jean Darbelnet dans la préface de leur *Stylistique comparée du français et de l'anglais* : les auteurs, en observant les panneaux de signalisation sur la route de Montréal, font le constat suivant : « Tous ces écriteaux sont très clairs, certes, mais ce n'est pas ainsi qu'on les rédigerait en français[2]. » Ce récit constitue en quelque sorte l'acte fondateur de ma vocation.

Ainsi, au-delà de la chasse aux anglicismes qui domine depuis longtemps au Québec le travail et la formation des traducteurs, je considère aussi – et surtout – mon travail de traducteur et d'enseignant comme une « chasse aux tours idiomatiques », cette fois non pas comme on fait la chasse aux bisons, mais comme on fait la chasse aux papillons : pour enrichir sa collection.

Le présent ouvrage se situe donc à mi-chemin entre le guide de traduction et le dictionnaire de difficultés. En effet, s'il n'a pas le caractère théorique et systématique qui pourrait lui valoir la première de ces deux appellations, il n'en faut pas moins le distinguer des ouvrages de la seconde catégorie, car son but premier n'est pas tant de proscrire (« ne dites pas... ») que de proposer (« pourquoi ne pas plutôt dire...? »). Ainsi, pour revenir aux exemples cités par Vinay et Darbelnet dans leur préface, on ne peut pas dire qu'**Hommes au travail** ne soit pas français. Mais on peut dire que **Travaux** est plus idiomatique, et c'est une raison suffisante pour le choisir.

Toujours en réponse au « ne dites pas... », le présent ouvrage comporte par ailleurs un autre volet important qui consiste à déclarer carrément « oui, vous pouvez dire...! » En effet, on voit souvent des traducteurs éviter soigneusement telle expression ou

[2] Jean-Paul VINAY et Jean DARBELNET, *Stylistique comparée du français et de l'anglais*, Montréal, Beauchemin, 1977, p. 17.

tel mot considérés comme fautifs dans les ouvrages normatifs alors que, dans le contexte qu'on a sous les yeux, le mot aurait été tout à fait acceptable. Ces accès de « surcorrection », motivés par de vieux fantômes datant souvent des études universitaires, sont tout aussi déplorables que les erreurs que leurs auteurs tentent d'éviter, ne serait-ce que parce qu'ils privent ces derniers de ressources précieuses, mais aussi parfois parce qu'ils peuvent carrément mener à des faux sens si on n'y prend pas garde.

Les raisons de *ne pas* entreprendre un ouvrage tel que celui qu'introduit le présent texte sont nombreuses. Outre le risque de s'exposer à la critique – un travailleur autonome est sans doute par définition un être qui évite les vagues –, il y a la conviction de ne pas arriver à l'exhaustivité. En effet, qu'est-ce qu'un recueil de quelque 70 articles par rapport aux centaines de difficultés que peut rencontrer un traducteur dans une seule semaine de travail? En revanche, l'exhaustivité est un objectif non seulement inatteignable, mais en un sens inutile au regard de la multitude de sujets qui ont déjà été traités dans les nombreux ouvrages de référence que possèdent déjà les traducteurs. C'est donc dans une optique de complémentarité, en prenant soin de ne pas faire double emploi avec ce qui existe déjà, que je livre au lecteur le présent ouvrage.

Ainsi, en tant que praticien ayant passé les vingt dernières années à traduire littéralement des millions de mots et à faire des fiches et des recherches, j'ai pensé qu'il pourrait être utile de livrer à mes confrères et consœurs le fruit de certaines de mes réflexions, non pas pour couper leurs élans, comme on le voit trop souvent dans certains ouvrages de notre domaine, mais au contraire pour leur donner des ailes... ou, à tout le moins, les aider à continuer de croire au ciel.

Avis au lecteur

Conventions typographiques

Les conventions typographiques suivantes sont appliquées dans le présent ouvrage.

- Les mots et syntagmes autonymes corrects en français sont composés en **caractères gras**.

- Les mots et syntagmes autonymes corrects en anglais sont composés en *italique*. Conformément à l'usage courant, l'italique est aussi utilisé pour mettre un mot en relief dans le cours d'une explication ou d'une démonstration, ou dans une citation.

- Les mots et syntagmes français fautifs, critiqués ou douteux sont signalés par des « guillemets ». Conformément aux normes typographiques courantes, les guillemets servent aussi parfois à identifier un signifié par opposition au signifiant (ce dernier étant composé en caractères gras) et à délimiter la signification ou la définition d'un terme.

- Dans les exemples, le <u>soulignement</u> sert à attirer l'attention sur les mots ou les groupes de mots importants dans la démonstration pour faciliter la tâche au lecteur.

- La barre oblique (/), rarement utilisée, sépare deux traductions équivalentes ou sépare parfois le français et l'anglais.

- Les [crochets], rarement utilisés aussi, encadrent des mots facultatifs dans les exemples.

- L'astérisque (*) indique que c'est l'auteur de cet ouvrage qui souligne au moyen de l'italique dans une citation.

- Une flèche (➤) indique un renvoi.

Puisque les conventions typographiques diffèrent d'un ouvrage à l'autre, j'ai pris la liberté, en citant les documents de référence, de transposer mon propre code typographique afin d'éviter toute ambiguïté. (Par exemple, Dagenais met les termes fautifs entre crochets et en caractères gras. Je les ai transcrits en les mettant entre guillemets.)

Note sur les exemples

La presque totalité des exemples cités dans le présent ouvrage sont authentiques, en ce sens qu'ils ont été tirés de textes réels rédigés par des rédacteurs anglophones. Il s'agit en fait, dans la très grande majorité des cas, de textes traduits par moi-même dans le cadre de mon travail. Je me suis cependant permis de les remanier substantiellement, à la fois, évidemment, pour protéger le secret professionnel, mais aussi pour simplifier les phrases le plus possible afin de maximiser la clarté de la démonstration.

Conventions grammaticales

L'auteur est tout à fait conscient que les trois quarts des traducteurs qui liront son ouvrage seront des traductrices. Classique dans l'âme et soucieux d'économie, il n'en a pas moins décidé de suivre la grammaire traditionnelle et d'utiliser le masculin générique pour désigner par un seul vocable tous les représentants et toutes les représentantes de la gent traductrice.

➢ *ABOUT*

a) En général

On voit souvent en anglais des titres de rubrique commençant par *About*. On traduit souvent ce terme par **À propos de**. Cette solution n'est pas mauvaise, mais on admettra qu'elle manque un peu d'élégance et, surtout, sent nettement la traduction.

N'existerait-il pas de solution plus idiomatique? Voyons voir. Vous traduisez un document de présentation d'un questionnaire de recensement dont les sections portent les titres suivants :

About the census campaign
About the census questionnaire
About confidentiality
About your participation in the census

Y aurait-il lacune si on traduisait ces différentes rubriques comme suit?

La campagne de recensement
Le questionnaire
Confidentialité
Votre participation

L'ajout d'« à propos de », d'« au sujet de » ou de tout autre équivalent alourdirait inutilement la traduction, ce qui est d'autant plus à éviter qu'il s'agit ici de titres de rubriques.

b) Dans les sites Web

Presque tous les sites Web anglophones comportent une section *About us* ou *About (nom de l'organisme)*. Dans les sites Web français (même de bonne tenue), on recourt aussi souvent au calque **À propos de nous** ou **À propos de (nom de l'organisme)**. Cependant, si on examine les sites rédigés directement en français, on constate que, très souvent, la solution retenue spontanément est celle qui est décrite dans la section précédente, et ce, sans lacune apparente. Ainsi, voici comment s'intitulent les sections équivalentes à la rubrique *About* dans des sites Web non traduits :

OTTIAQ	**L'Ordre**
Ordre des comptables agréés	**L'Ordre**
Collège des médecins	**Le Collège**
Collège François-Xavier-Garneau	**Le Collège**

Régie des rentes du Québec	**La Régie**
Association des bibliothécaires français	**L'ABF...**
Association française de généalogie	**L'Association**
Conseil du patronat du Québec	**CPQ**
Ordre des infirmières et infirmiers du Québec	**OIIQ**

Il existe aussi d'autres solutions :

Barreau du Québec	**Organisation**
Ville de Québec	**Organisation**
Commission scolaire de la capitale	**Notre organisation**
Université de Montréal	**Information générale**
CSN	**Qui sommes-nous?**
Bibliothèque nationale du Québec	**Qui sommes-nous?**
Banque laurentienne	**INFOBLC**
OTTIAQ (anciennement)	**Portrait**
Médecins sans frontières	**Découvrir MSF**

On pourrait également imaginer d'autres solutions, par exemple au lieu d'**À propos de Google**, on pourrait avoir **Tout sur Google**, ou comme on peut le lire dans le site de Yahoo France : **Infos Yahoo!**

➢ *ACADEMIA, ACADEMICS*

a) ACADEMIA

Ce mot est difficile à traduire car, en principe, il fait référence non seulement aux universités, mais aussi aux instituts de recherche et à d'autres types d'établissements d'enseignement supérieur. En effet, il est ainsi défini par le CALD : « *The part of society,* especially universities, *that is connected with studying and thinking, or the activity or job of studying**. »

On pourrait imaginer quatre traductions possibles : **milieu(x) intellectuel(s)**, **milieu de la recherche**, **milieu de l'enseignement**, **milieu universitaire**. Chacun de ces quatre termes comporte ses inconvénients. **Milieu(x) intellectuel(s)** pourrait paraître trop vaste, car il inclut en principe les écrivains et les penseurs qui ne sont rattachés à aucune institution. Le contexte pourrait cependant parfois être assez clair pour en autoriser une utilisation sans équivoque. **Milieu de la recherche** fait plus penser aux instituts de recherche qu'aux universités, même si, à strictement parler, il inclut aussi ces dernières. **Milieu de l'enseignement** insiste sur la fonction de l'enseignement, alors qu'*academia* est généralement utilisé pour mettre l'accent sur la fonction de réflexion. Enfin, **milieu universitaire** pourrait sembler trop restrictif, car il n'inclut pas nécessairement les instituts de recherche et les autres types d'établissement d'enseignement supérieur.

Cependant, en pratique, on constate que le mot *academia* désigne le plus souvent le milieu universitaire tout simplement, comme on peut le voir dans le contexte suivant :

> *The WTO should involve other actors, including academia, research institutions and NGOs.*
> **L'OMC devrait mettre à contribution d'autres intéressés, tels qu'universitaires, instituts de recherche et ONG.**

b) ACADEMICS

Academics pose un problème similaire. Selon le contexte, on pourra utiliser **intellectuels**, **chercheurs** ou **universitaires**. Les deux derniers sont toutefois à privilégier, car **intellectuels** peut désigner, par exemple, des écrivains et des penseurs qui ne sont rattachés à aucune institution, ce qu'exclut le terme *academics*.

➤ Voir aussi *ACADEMIA*.

➢ *ACROSS*

a) **À TRAVERS** EST-IL ACCEPTABLE?

La locution **à travers** dans des expressions comme **à travers le Canada** est depuis longtemps dénoncée comme un anglicisme. Il y a lieu de se demander, dans un premier temps, si cet anathème est vraiment justifié et, surtout, comment on peut l'expliquer. Des professeurs ont fait remarquer que *Le Petit Robert* consignait **à travers les âges**, mais non **à travers l'histoire**, concluant que le second était fautif. On pourrait dire **à travers champs** ou **à travers la forêt**, mais non **à travers la France** ou **à travers le Québec**.

L'explication souvent avancée est qu'il y a une idée d'obstacle dans le premier cas et non dans l'autre. Par exemple, **Il a coupé à travers champs** : il y a là une idée d'obstacle (hautes herbes, et peut-être accidents de terrain), qu'on ne trouve pas dans une expression abstraite comme **Elle a voyagé à travers le Canada.** Pourtant, *Le Petit Robert* définit comme suit **à travers** : « par un mouvement transversal d'un bout à l'autre *d'une surface ou d'un milieu* qui constitue un obstacle* ». Une « surface » peut-elle constituer un obstacle? Cette idée serait difficile à défendre. Par ailleurs, au risque de se faire accuser de tétracapillectomie, notons que le verbe **constitue** est ici accordé au singulier. Autrement dit, *Le Petit Robert* parle soit « d'une surface » (sans idée d'obstacle), soit « d'un milieu qui constitue un obstacle ». Il est donc loin d'être certain que la locution **à travers** *nécessite* une idée d'obstacle.

En fait, il serait peut-être plus juste de faire porter le poids sémantique de l'expression sur le mot **mouvement**, toujours dans la même définition du *Petit Robert.*

C'est un peu ce que dit Leroux dans un article de *L'actualité terminologique*[3] qui renvoie au *Dictionnaire des particularités de l'usage* de Darbelnet (Darb) :

> Jean Darbelnet reconnaissait qu'on « pouvait faire un voyage à travers le Canada en allant de Terre-Neuve à Victoria », mais voyait un « anglicisme de faible écart » dans l'emploi d'« à travers » quand il s'agit d'un « phénomène de dispersion, par exemple les succursales d'une grande entreprise ».

Ainsi, il faudrait non pas une idée d'obstacle, mais plutôt simplement une idée de mouvement pour utiliser correctement **à travers**, ce qui expliquerait les occurrences comme « Personne qui voyage beaucoup *à travers* le monde », trouvée dans *Le Petit Robert* sous **globe-trotter**, et les occurrences similaires dénichées par Leroux dans le *Lexis* de 1975 (voyager « à travers l'Europe ») et le *Trésor de la langue française* de 1994 (« voyager à travers la France, l'Europe, le monde »).

Mais déjà, la simple consultation du *Petit Robert* vient ébranler aussi cette nouvelle hypothèse. On y trouve, en effet, sous **diaspora** : « Dispersion *à travers* le monde antique des Juifs exilés de leur pays. – Par ext. (1949) Dispersion (d'une communauté) *à travers* le monde; ensemble des membres dispersés*. » Ironie du sort : *Le Petit Robert* utilise exactement le même mot que Darbelnet, soit **dispersion**!

Cela dit, on peut toujours arguer qu'il subsiste une idée de mouvement quand on évoque la dispersion d'une communauté. On opposera à ce genre d'occurrence d'autres situations où l'idée de mouvement est tout à fait absente, comme « Elle est connue à travers le Canada » ou « Nous avons des bureaux à travers le monde », dans lesquelles on sort indéniablement l'expression **à travers** de son lit, même après avoir élargi celui-ci.

Par ailleurs, cette remise en cause étant faite, il faut dire que les solutions de rechange couramment proposées par les détracteurs de cette expression sont

---

3 Frèdelin LEROUX fils, « À travers le monde et dans tout le pays », *L'Actualité terminologique*, vol. XXXIII, n° 4, 2000, p. 12.

généralement tout à fait praticables et qu'on peut facilement s'y tenir : **dans tout le pays, à la grandeur du pays, d'un bout à l'autre du pays, aux quatre coins du pays**, etc.

b) **À TRAVERS** EST-IL NÉCESSAIRE?

Ce qu'il y a lieu de remarquer, cependant, c'est que le mot *across* en anglais n'a peut-être pas toujours toute la force qu'un francophone a tendance à lui donner de prime abord. En effet, l'utilisation d'une expression comme *across Canada* au lieu de *in Canada* ne pourrait-elle pas être plutôt mise sur le compte de ce que Vinay et Darbelnet appellent « le plan du réel », par opposition au « plan de l'entendement »? Prenons le temps de rappeler un cas particulier de ce riche principe, tel qu'il est exposé par ces auteurs :

> Sans doute *here* traduit **ici**, mais très souvent l'anglais ne s'en contente pas; il veut exprimer l'opposition entre **ici** et l'endroit auquel **ici** s'oppose, d'où les : *up here, down here, in here, out here, over here, back here,* qui déroutent le Français au début, parce qu'il n'a pas l'habitude d'évoquer ainsi le réel[4].

C'est ainsi que, plus loin, Vinay et Darbelnet parlent aussi du « film de l'action » (p. 105). Autrement dit, l'anglais a tendance à se représenter les choses plus visuellement là où le français ne voit pas d'inconvénient à les énoncer de façon plus abstraite.

De fait, un examen de plusieurs contextes nous permet d'avancer que, dans bien des cas, le lecteur de la traduction française ne perdra rien si on rend *across Canada* par **au Canada** tout simplement (ou par d'autres formules simples, comme on peut le voir ci-dessous), ce qui permet en outre bien souvent d'alléger la traduction.

> *We know that we could not do what we do without our volunteers across Canada and around the world.*
> **Nous savons que nous ne pourrions accomplir notre travail sans nos bénévoles au Canada et dans le monde.**

> *This award is voted on by natural food stores across Canada.*
> **Ce prix est décerné par un vote des magasins canadiens d'aliments naturels.**

[4] Jean-Paul VINAY et Jean DARBELNET, *Stylistique comparée du français et de l'anglais*, Montréal, Beauchemin, 1977, p. 59.

Momentum is building across Canada, as NGOs prepare for the G8 summit.
Un vent de fébrilité souffle sur le Canada : les ONG se préparent pour le sommet du G-8.

There are numerous investment managers across Canada that offer pooled vehicles that utilize social and environmental screens.
De nombreux gestionnaires du patrimoine au Canada offrent des fonds communs à critères socio-environnementaux.

Ces exemples hors contexte ne sont pas nécessairement toujours éclairants : de fait, c'est chaque fois la connaissance du texte et du client qui révélera au traducteur s'il y a lieu ou non de recourir à la formule longue (**à la grandeur de**, etc.) pour marquer une insistance. Ce qu'il ne faut pas oublier, c'est que ces locutions alourdissent la traduction, alors que le petit mot *across* n'est jamais lourd en anglais. Soulignons en outre que le rédacteur anglophone dispose toujours du mot *throughout* et de la locution *all across* (voir exemples plus loin) s'il veut vraiment insister sur l'étendue géographique. De ce fait, le simple emploi du mot *across* pourrait constituer un signe que ce n'est pas le cas.

Voici une occurrence où le sens « faible » de *across* ne fait aucun doute :

The informal sector is estimated to employ most of the 4 billion people living on less than $4/day across rural and urban areas.
On estime que le secteur parallèle emploie la plupart des quatre milliards de personnes qui touchent moins de quatre dollars par jour en milieu rural et urbain.

Voici maintenant un cas où le mot *across* n'est pas utilisé dans un sens géographique. On peut en déduire que, même associé à des termes géographiques, il peut revêtir simplement la valeur mise en évidence ici, c'est-à-dire le sens de « dans », sans plus :

Previous knowledge or awareness of the existence of a definition was virtually non-existent across all groups.
Dans tous les groupes, presque tous les participants ignoraient l'existence de la définition.

On voit clairement ici l'inutilité de tenter de traduire par « à travers tous les groupes ». Dans bien des cas, l'expression « à travers le Canada » pourrait être tout aussi inutile, et constituer à ce titre une surtraduction.

Dans l'exemple qui suit, on réussit à rendre la force qui pourrait être inhérente au mot *across* sans pour autant alourdir la phrase, grâce à l'utilisation du mot **tous**.

This study uses data reported by individual police departments across Canada to the aggregate Uniform Crime Reporting Survey.
La présente étude met à contribution les données transmises par tous les services de police du Canada dans le cadre du Programme de déclaration uniforme de la criminalité.

La locution **un peu partout** offre souvent une solution mitoyenne pratique :

A number of members have participated in town halls across Canada.
Plusieurs membres ont participé à des assemblées publiques un peu partout au Canada.

Cela dit, il existe aussi des cas où la notion « d'un bout à l'autre » est importante dans le texte. Voici quelques exemples probants :

The sessions took place across Canada in St. John's, Montreal, Toronto, Saskatoon, and Vancouver, as indicated in the following table.
Les séances ont eu lieu d'un bout à l'autre du Canada, soit à St. John's, à Montréal, à Toronto, à Saskatoon et à Vancouver, comme le montre le tableau suivant.

Peter is known all across Canada and he is fluent in both official languages.
Peter est bien connu dans tout le Canada et parle couramment les deux langues officielles.

Quebec is not unique. This cuts across all of Canada.
Le Québec n'est pas un cas particulier. Le même phénomène s'observe dans tout le Canada.

This approach can be particularly effective when constituents across the country deliver the same message at roughly the same time.
Cette démarche peut s'avérer particulièrement efficace si les électeurs, partout au pays, expriment le même message dans la même période.

➢ *ADVISE*

Puisque *advice* veut à peu près toujours dire « conseil », on a tendance à croire que *to advise* signifie toujours « conseiller ». Or, il n'en est rien. Ainsi, il n'est pas rare qu'un traducteur reçoive un texte à traduire avec le message *Please advise* ou *Please advise on price*. Le client ne veut pas un conseil : il veut simplement savoir combien le travail coûtera.

Voici quelques exemples où le verbe *to advise* signifie clairement « informer » (sens que nous rendons ici également par d'autres synonymes) :

> *The counsel shall keep abreast of emerging legal issues on personnel-related matters, and advise the Board of any related financial or legal implications.*
> **Le conseiller se tient au courant des nouveautés juridiques en matière de gestion du personnel et informe le Conseil de toute incidence financière ou juridique qui en découle.**
>
> *Please advise whether you will be signing off on this message.*
> **Veuillez faire savoir si vous comptez approuver ce message.**
>
> *Employees shall advise the Employer at the beginning of or prior to the first day of any absence.*
> **L'employé prévient l'employeur au début du premier jour de son absence ou avant.**
>
> *The Employee shall be responsible to advise the Employer of their address.*
> **Il incombe à l'employé de communiquer son adresse à l'employeur.**
>
> *The chairperson shall advise, in writing, the Union and the Employer of this fact, within fifteen working days.*
> **Le président avise par écrit le syndicat et l'employeur dans les quinze jours ouvrables qui suivent.**
>
> *But make sure you do advise the Court.*
> **Mais n'oubliez pas d'avertir la Cour.**

Voici par ailleurs d'autres occurrences où le mot *advise* signifie clairement « conseiller » (sens rendu aussi ci-dessous par divers synonymes) :

> *The Minister of Justice advise on the legislative Acts and generally advise the Crown on all matters of law referred to the Minister by the Crown.*
> **Le ministre de la Justice donne son avis sur les mesures législatives et conseille la Couronne sur toutes les questions de droit.**
>
> *You have to decide where you are going to donate your property. We cannot advise which institution you should approach.*
> **Nous ne pouvons pas vous suggérer à quel établissement faire votre don. Cette décision vous revient.**

ABC provides for the deployment of Canadian police personnel to monitor, advise and train their local police counterparts in developing countries.
ABC assure le déploiement de personnel policier canadien en vue d'encadrer, de conseiller et de former leurs homologues des pays en développement.

The Committee advises the Minister on the positions he should take.
Le Comité éclaire le ministre sur les positions qu'il devrait prendre.

Malheureusement, il existe aussi des cas ambigus où les sens de « conseiller » et d'« informer » se confondent. Il appartiendra alors au traducteur de juger au cas par cas, en fonction du contexte.

A Reference Group should be formed to advise the team on specific issues.
Il y a lieu de créer un groupe de référence ayant pour mandat de conseiller l'équipe sur certaines questions.

The committee shall advise managers on the preparation of operational plans.
Le comité conseille les gestionnaires dans la préparation des plans opérationnels.

And those who assist, support, or advise terrorists may similarly be caught in the net of the Act.
En outre, ceux qui aident, appuient ou conseillent des terroristes peuvent également être visés par la *Loi*.

Dans ces cas, on ne peut être sûr à cent pour cent qu'il s'agit de conseiller et non d'informer; en fait, les deux actions se confondent un peu en pratique ici; généralement, le mot **conseiller** est celui qui résout le plus efficacement le dilemme.

Pour terminer, voyons deux autres occurrences d'*advise* qui nous rappellent à quel point le traducteur ne doit jamais relâcher sa vigilance :

The Court was asked to advise whether the trustees of the pension fund were in breach of their fiduciary duty.
La Cour devait déterminer si les administrateurs du fonds de pension avaient manqué à leur obligation de fiduciaires.

The ABC intend to meet with XYZ to advise of the current situation.
L'ABC compte rencontrer XYZ pour faire le point sur la situation.

➢ *ADVOCACY*

Les dictionnaires et lexiques proposent généralement pour ce terme les traductions **défense des droits** et **défense d'une cause**. La première traduction est parfois suffisante, mais pas toujours. En effet, les activités d'*advocacy* peuvent porter, par exemple, sur la défense de l'environnement. La seconde devient alors préférable, mais il faut avouer qu'en contexte, elle ressemble souvent plus à une définition ou à une périphrase qu'à une expression idiomatique.

Aussi fera-t-on bien de trouver à ces traductions classiques des solutions de rechange quand c'est possible.

Ainsi, *advocacy group* peut se traduire aussi bien par **groupe de défense des droits** que par **groupe militant**, voire par **groupe de justice sociale** ou **groupe d'influence**.

Si l'on précise sur quoi ou sur qui portent les activités du groupe en question, les mots **défense** et **promotion** à eux seuls traduisent bien *advocacy* :

refugee advocacy group	**groupe de défense des réfugiés**
public interest advocacy centre	**centre de défense de l'intérêt public**

Advocacy peut également être traduit par **action militante** ou **action sociale**, voire **action politique**, ou évidemment **action sociopolitique**. Le premier terme est de plus en plus courant et recouvre bien la notion. Les deux autres s'appliquent aussi souvent, car si le travail d'*advocacy* peut s'adresser à l'ensemble de la société, il cible en fait très souvent plus spécialement les instances décisionnelles, comme les gouvernements ou les organisations internationales. Ainsi, les organismes de justice sociale font souvent la distinction entre le *policy work* et l'*advocacy work*. Le premier désigne le travail de *réflexion*, et le second, le travail de *revendication*.

L'exemple suivant nous donne deux traductions originales pour le mot *advocacy* inspirées par le contexte :

> *Many civil society organizations evolved from capacity building and <u>advocacy</u> work dealing with debt to WTO-related trade <u>advocacy</u>.*
> **Après s'être consacrées principalement au développement des capacités et aux actions de <u>revendication</u> concernant la dette, bon nombre d'ONG se sont tournées vers la <u>critique</u> de l'OMC.**

➢ *ALL*

La traduction du mot *all* nous renvoie à l'intéressant et sempiternel problème de la différence d'usage des articles entre l'anglais et le français. Notre propos n'est pas ici de faire la synthèse de ce problème complexe, mais il faut tout de même en rappeler certains éléments pour éclairer la traduction du mot *all.*

On sait que l'anglais n'utilise pas l'article aussi systématiquement que le français.

He collects stamps.
Il collectionne <u>les</u> timbres.

Teachers have long holidays.
<u>Les</u> professeurs ont de longues vacances.

It takes patience.
Cela demande de <u>la</u> patience.

Le système anglais a sa cohérence interne et ne pose généralement pas de problème, mais il est fréquent (et logique) que l'absence d'article mène à des ambiguïtés. Prenons la phrase suivante en français :

La trousse d'information sera remise <u>aux employés</u> le 4 octobre.

Comment la traduira-t-on en anglais? Sauf dans certains contextes particuliers, on ne dira pas :

The information kit will be sent <u>to the employees</u> on October 4.

En effet, dans cette phrase, on sent tout de suite l'influence du français. Cependant, on ne dira pas non plus :

The information kit will be sent <u>to employees</u> on October 4.

On sent en effet ici une ambiguïté que le rédacteur anglophone aura le réflexe de lever par une des formules suivantes, selon le sens à donner :

The information kit will be sent <u>to all employees</u> on October 4.
The information kit will be sent <u>to some employees</u> on October 4.

Si nous revenons à notre phrase française de départ, on conclura que c'est la première des deux traductions précédentes qui convient. Supposons maintenant que l'on veuille retraduire en français cette première traduction. Par réflexe, on pourra traduire par :

La trousse d'information sera remise <u>à tous les employés</u> le 4 octobre.

Or, nous venons justement de voir que, dans la phrase de départ en français, il n'y avait pas le mot **tous**, car l'article **les** avait justement ce sens.

Donc, on peut en conclure qu'il n'est pas toujours obligatoire de traduire le mot *all* en français, en vertu des différences qui existent entre les deux langues dans le régime d'utilisation de l'article. Certes, le mot *all* n'est évidemment pas un article, mais il joue dans certains contextes, en anglais, exactement la même fonction que l'article défini en français.

> *The Council is conducting a survey of all non-profit organization employees who are responsible for human resources management.*
> **Le Conseil mène un sondage auprès des personnes chargées de la gestion des ressources humaines dans un organisme à but non lucratif.**

On peut voir ici deux cas particuliers de ce principe :

> *Success requires the implementation of all four strategies.*
> **Pour réussir, il faut mettre en œuvre les quatre stratégies.**

> *Nearly 40 per cent of all WTO technical assistance resources are focussed on those countries.*
> **Près de 40 pour 100 des ressources d'assistance technique de l'OMC sont consacrées à ces pays.**

En définitive, nul besoin de préciser que la traduction de *all* par **tous** est rarement fautive en soi et demeure même nécessaire dans bien des cas.

➢ ALORS QUE

Cette locution conjonctive est souvent décriée par les auteurs canadiens et québécois d'ouvrages normatifs, mais son usage est tellement varié qu'il est parfois difficile d'y voir clair, et que le traducteur risque de s'en passer (ou le réviseur de la condamner) dans des cas où elle peut être considérée comme acceptable. Essayons de faire le point.

a) LE SENS ADVERSATIF, UNIVERSELLEMENT RECONNU

Pour commencer, tout le monde s'entend pour dire qu'**alors que** peut marquer le *contraste*. C'est ce que *Le Petit Robert* appelle le sens « adversatif » :

> **Il fait bon chez vous, alors que chez moi on gèle[5].**

[5] *Le Petit Robert*, 2001.

Vous vous reposez alors que je travaille[6].

Il n'y a pas lieu de s'étendre ici.

b) LE SENS TEMPOREL : SIMULTANÉITÉ, CAUSALITÉ, CIRCONSTANCE?

Alors que peut aussi revêtir un sens temporel, mais ce sens serait « vieilli » selon *Le Petit Robert*. Hanse renchérit : « **Alors que** [...] s'emploie beaucoup moins qu'autrefois dans le sens uniquement temporel de "lorsque, au moment où". » Notons que ces sources ne condamnent pas ce sens à proprement parler[7].

Le sens temporel d'**alors que** est cependant reconnu sans réserves par de nombreux linguistes québécois, et parmi les plus réputés et les plus rigoureux, notamment de Villers dans le Multi et Dagenais dans son *Dictionnaire des difficultés de la langue française au Canada* (Dag). Pour illustrer ce cas de figure, qu'il juge correct lui aussi, Delisle cite pour sa part une phrase du linguiste Paul Jinot :

L'invité d'honneur est arrivé alors que la foule commençait à se disperser[8].

Pour décrire ce sens temporel, à peu près tous les auteurs parlent de *simultanéité*[9], notion porteuse de confusion quand on essaie de savoir dans quelles circonstances **alors que** serait acceptable ou non. En effet, sur un autre plan, l'utilisation universellement décriée d'**alors que** est presque invariablement illustrée par une phrase du genre : « Trois personnes ont été tuées *alors que* leur voiture a heurté un arbre[10]*. » Pourtant, on ne peut nier qu'il y ait *simultanéité* entre le décès et la collision.

---

6 Université Laval, Comité consultatif de la normalisation et de la qualité du français à l'Université Laval, *Les maux des mots*, Québec, Université Laval, 1982, p. 8.

7 Pour le Québécois qui a du mal à sentir ce caractère « vieilli », on pourrait citer cette occurrence de 1492 (*Le roman des sept sages*) citée dans le TLF : « Alors que tu seras a [sic] table et que les viandes seront posées [...]. » Cet usage d'**alors que** suivi d'un verbe au futur n'a plus cours aujourd'hui, même au Canada français, où on le remplacerait naturellement par **lorsque**. Comme nous l'établirons plus loin dans cet article, le sens temporel d'**alors que** est normalement utilisé avec l'imparfait ou le présent, mais non avec le futur ni le passé composé, ce que les auteurs n'indiquent généralement pas explicitement.

8 Paul JINOT, cité dans Jean DELISLE, *La traduction raisonnée*, 2e édition, Ottawa, Presses de l'Université d'Ottawa, 2003, p. 363.

9 C'est le mot et le concept employés notamment par de Villers, Dubuc, Dagenais et Delisle.

10 Robert DUBUC, *Objectif : 200*, Montréal, Leméac, 1971, p. 8.

Pour tenter de lever l'ambiguïté, Dubuc précise dans *En français dans le texte* qu'il ne faut pas employer **alors que** « pour marquer un rapport de temps *doublé d'un rapport de cause*[11]* ». Dagenais, qui traite de cette question en mettant à juste titre les conjonctions **quand** et **lorsque** dans le même panier qu'**alors que**, s'étend un peu plus sur le sujet dans les mots suivants :

> On écrit ou on dit, par exemple, « M. X a été grièvement blessé quand sa voiture a capoté hier sur la route 200 ». Certes, c'est au moment où sa voiture a capoté que M. X a été blessé, mais ce n'est pas ce qu'on veut dire. La nouvelle est que M. X a été blessé *parce que* sa voiture a capoté. Ce n'est pas une coïncidence que l'on porte à l'attention du public, mais une relation de cause à effet entre deux faits et cette relation, ce n'est pas le rôle de la conjonction **quand** de la marquer[12].

Il n'en existe pas moins d'autres cas, sans idée de causalité, où la seule notion de « simultanéité » ne permet pas de séparer le bon grain de l'ivraie. Ainsi, dans *Les maux des mots*, le Comité consultatif de la normalisation et de la qualité du français à l'Université Laval expose le cas suivant :

> Si l'on écrit que ce jeune compositeur n'avait que onze ans alors que l'orchestre symphonique de Québec interprétait pour la première fois une de ses œuvres, cela semble vouloir dire que le jeune artiste a atteint sa onzième année (jour pour jour, heure pour heure) au cours de la première interprétation d'une de ses œuvres, et il conviendrait de remplacer « avait onze ans » par **a atteint** ou **atteignit sa onzième année**. C'est l'action introduite par **alors que** qui, étant dans ce cas circonstancielle, englobe celle qu'exprime le verbe de la proposition principale. Il serait donc plus simple de dire que l'orchestre a interprété son œuvre alors qu'il n'avait que onze ans.

C'est pourquoi le Comité parle non pas de *simultanéité*, mais de *circonstance*, donnant comme exemple recommandable :

> **Cette photo a été prise alors qu'il descendait de l'avion.**

Ce dernier mot de *circonstance* est déjà plus éclairant. En termes plus savants, on pourrait dire avec Jinot, toujours cité par Delisle, qu'**alors que** ne peut exprimer un rapport de simultanéité *que s'il introduit une circonstance durative, et non un événement ponctuel* :

---

11 Robert DUBUC, *En français dans le texte*, 2e édition, Montréal, Linguatech, 2000, p. 11.

12 Gérard DAGENAIS, *Dictionnaire des difficultés de la langue française au Canada*, Montréal, Pedagogia, 1967, p. 526.

> Or, **alors que**, dans son sens temporel, gouverne nécessairement une proposition d'aspect duratif, progressif et ne peut donc jamais traduire un *as* qui soit l'équivalent fonctionnel de *when*[13].

L'avantage de cette vision, c'est qu'elle englobe aussi le cas particulier présenté par la plupart des auteurs comme un rapport de cause à effet : dans « Trois personnes ont été tuées alors que leur voiture a heurté un arbre », la collision est ponctuelle, et non durative, et on peut dire que c'est pour cette raison que la phrase n'est pas acceptable.

Pour étayer cette vision, citons les deux exemples rapportés par le TLF sous **alors que** :

> **Au début de juin, alors que je me trouvais encore à Pau,...** (J. Green)

> **Mes nerfs se sont retrempés à ce souffle marin, plein de sels pénétrants, qui nous frappait la figure alors que nous fendions l'espace, en tilbury découvert lancé au galop.** (J. Barbey d'Aurevilly)

On remarque encore une fois qu'**alors que** introduit une action durative et non ponctuelle. Opposons à ces exemples ces deux phrases trouvées dans *Le Devoir* :

> « Tout a commencé en juin 2003, alors que j'ai entrepris un stage postdoctoral au centre d'imagerie métabolique et fonctionnelle du Centre universitaire de santé de l'Estrie (CUSE). » (10 septembre 2004)

> « La belle unanimité de l'opposition à Ottawa s'est brisée cette semaine, alors que le NPD a décidé de voter avec le gouvernement sur le discours du Trône, peu importe les amendements proposés. » (9 et 10 septembre 2004)

Ici, la locution **alors que** introduit une action ponctuelle, ce qui se remarque notamment par l'emploi du passé composé (par opposition à l'imparfait). Dans ces cas, il vaut mieux suivre la recommandation de Dubuc : « il serait préférable de la remplacer par **lorsque**, **au moment où** ».

En conclusion, pour déterminer les cas où l'emploi d'**alors que** est acceptable, il serait sans doute plus utile d'évacuer les notions de « simultanéité » ou de « causalité » pour se rabattre sur la notion d'« aspect duratif » de l'action introduite par cette locution, l'aspect duratif étant généralement exprimé par l'imparfait ou par le présent.

---

[13] Paul JINOT, cité dans Jean DELISLE, *La traduction raisonnée*, 2e édition, Ottawa, Presses de l'Université d'Ottawa, 2003, p. 363.

À cela, on pourrait ajouter que l'événement de la proposition principale doit être, lui, *ponctuel*, comme on peut le déduire de la démonstration faite par les auteurs des *Maux des mots* et citée plus haut.

c) Une nouvelle solution parmi tant d'autres

On sait que l'utilisation tous azimuts d'**alors que** au Canada français découle d'une influence de la très polyvalente conjonction anglaise *as*. Dans son chapitre exhaustif traitant de la question[14], Delisle donne de nombreuses solutions pour traduire ce petit mot terrible. Il serait inutile, voire malséant, de les reprendre ici. Qu'il me soit permis d'ajouter simplement que, dans de nombreuses occurrences fautives d'**alors que** observées dans les médias, le problème aurait pu souvent être réglé par une coupure de phrase et l'emploi de la charnière **en effet** :

> « Nous avons connu un mois de juillet torride alors que les moyennes saisonnières ont été dépassées 25 fois en 31 jours. »
> **Nous avons connu un mois de juillet torride; en effet, les moyennes saisonnières ont été dépassées 25 fois en 31 jours.**

> « Sauf dans certaines circonstances, c'est à la maison et sagement que les Huntingdonnois de moins de 15 ans devront passer leurs fins de soirée à compter d'aujourd'hui, alors que le projet de règlement du maire pour contrôler la circulation des jeunes entre en vigueur à 22 h 30. »
> **Sauf dans certaines circonstances, c'est à la maison et sagement que les Huntingdonnois de moins de 15 ans devront passer leurs fins de soirée à compter d'aujourd'hui; en effet, le projet de règlement du maire pour contrôler la circulation des jeunes entre en vigueur à 22 h 30.**

> « Le terrain canadien est vraisemblablement hostile aux Républicains alors que 60 % des Canadiens éliraient John Kerry s'ils avaient leur mot à dire. »
> **Le terrain canadien est vraisemblablement hostile aux Républicains; en effet, 60 % des Canadiens éliraient John Kerry s'ils avaient leur mot à dire.**

Soulignons, à l'appui de la section précédente, qu'aucune de ces occurrences fautives d'**alors que** n'est suivie de l'imparfait.

[14] Jean Delisle, *La traduction raisonnée*, 2e édition, Ottawa, Presses de l'Université d'Ottawa, 2003, p. 363-368.

➢ *AMERICAS*

a) COMBIEN Y A-T-IL D'AMÉRIQUES?

Selon le GDEL, l'Amérique (au singulier) est un « continent couvrant 42 millions de km² [...]. On y a distingué trois grands ensembles : l'Amérique du Nord et l'Amérique du Sud, constituant l'essentiel du continent et séparées par un isthme formant (avec les Antilles, pour certains auteurs) l'Amérique centrale. »

Selon *Le Petit Robert des noms propres* (PRNP), l'Amérique (au singulier) est « une des cinq parties du monde. [...] L'Amérique est constituée par deux grandes masses continentales (Amérique du Nord, Amérique du Sud), reliées par un isthme (Amérique centrale). »

Pas de doute : il n'y a qu'une seule Amérique. Dans ce cas, comment se fait-il qu'on parle constamment, depuis quelques années « des Amériques »?

La réponse est évidente : les grands événements internationaux sont généralement définis, organisés et tenus en anglais. Dans le cas de l'Amérique, les États-Unis y jouent en plus un rôle de mastodonte. Or, les États-Uniens se désignent déjà eux-mêmes par le terme *America.* Par conséquent, il faut bien un nom distinct en anglais pour désigner le continent, et c'est ainsi qu'on en arrive au pluriel *Americas,* que d'aucuns auront le réflexe de transposer tel quel en français.

Or, en français, du moins de ce côté-ci de l'Atlantique, le mot **Amérique** n'est jamais utilisé pour désigner les États-Unis. Par conséquent, la préoccupation qui a donné lieu à la création du pluriel *Americas* en anglais n'existe pas en français. Ce mauvais pli est d'autant plus désolant qu'il entérine un certain usage qui tendrait à confondre un continent entier, l'Amérique, avec un simple pays, les États-Unis.

Le fait qu'il existe une Amérique du Sud, une Amérique du Nord et une Amérique centrale ne signifie pas qu'il y ait trois « Amériques », pas plus que l'existence d'une Amérique latine ne signifie qu'il y en ait une quatrième. D'ailleurs, il est certain que les Antilles font partie de l'Amérique en général, mais comme le dit le GDEL, tous les auteurs ne les rattachent pas nécessairement à l'Amérique centrale[15]. Alors, les Antilles font-elle partie des « trois Amériques »?

[15] Du passage suivant du *Petit Robert des noms propres*, sous **Amérique**, on peut déduire que les Antilles sont considérées ici aussi commes distinctes de l'Amérique centrale : « L'Amérique centrale est constituée de montagnes jeunes [...]. Ces traits caractérisent aussi l'arc insulaire des Antilles. »

On n'a jamais parlé « des Europes » du temps où il y avait une distinction marquée entre l'Europe de l'Est et l'Europe de l'Ouest. On ne parle pas « des Afriques », même s'il existe une Afrique du Nord et une Afrique subsaharienne.

Cela dit, il faut admettre que l'usage semble bien ancré dans certains milieux. Avec des appellations officielles comme « Sommet des Amériques » ou « Zone de libre-échange des Amériques », il est assez malaisé pour le traducteur d'éviter constamment le pluriel. Il sera cependant justifié de le faire dans toutes les situations où il le peut. D'autant plus que le pluriel donne parfois lui-même des résultats qui laissent perplexe. Ainsi, dans le *Plan d'action* adopté à l'issue du premier « Sommet des Amériques »[16], on trouve par exemple la rubrique « Libre-échange <u>aux</u> Amériques ». De fait, dans ce genre de contexte, le pluriel devient assez embêtant. Faudrait-il dire « en Amériques »? « dans les Amériques »? « aux Amériques »? Aucune de ces solutions ne paraît satisfaisante, alors qu'**en Amérique** sort du lot si naturellement.

Voici maintenant quelques exemples qui montrent que l'utilisation d'**Amérique** au singulier confère un caractère idiomatique à la traduction sans sacrifier à la précision.

> *XYZ is a network covering 22 countries, in Asia, the <u>Americas</u> and Africa.*
> **XYZ est un réseau présent dans 22 pays d'Asie, d'<u>Amérique</u> et d'Afrique.**
>
> *The government of Canada should ensure that human rights take precedence over trade and investment in the <u>Americas</u>.*
> **Le gouvernement du Canada doit veiller à ce que les droits de la personne aient préséance sur le commerce et l'investissement en <u>Amérique</u>.**
>
> *Drawing on experience working with diverse partner organisations in the <u>Americas</u>, XYZ members collectively analyse Canadian policy in the Americas.*
> **Les membres d'XYZ analysent de concert la politique canadienne à la lumière de l'expérience qu'ils ont acquise aux côtés de leurs organismes partenaires d'<u>Amérique</u>.**
>
> *Despite continued efforts by some governments in the <u>Americas</u> to consolidate democratic practice, there are substantial impediments to progress.*
> **Malgré les efforts constants consacrés par certains gouvernements d'<u>Amérique</u> à la consolidation des pratiques démocratiques, il subsiste des entraves majeures.**

---

[16] http://www.summitsoftheamericas.org/French&Portuguese/miamiplan-fr.htm.

> *As a result, there is a rising call from the citizens of the Americas for a more people-centred development path.*
> **C'est pourquoi de plus en plus de citoyens d'Amérique réclament une approche davantage axée sur la personne.**

Dans les derniers cas, on remarque qu'il aurait peut-être paru plus naturel, parfois, d'utiliser l'adjectif **américain**. Malheureusement, cet adjectif risque souvent de porter à confusion même si, par souci d'exactitude, le traducteur décide de s'en tenir à **états-unien** pour désigner ce qui relève des États-Unis. Dans ce cas, le complément du nom **d'Amérique** convient parfaitement.

Soulignons toutefois que l'ambiguïté du mot **américain** n'est pas non plus absolue. Ainsi, on dit bien **Organisation des États américains** sans que l'expression **États américains** soit considérée comme ambiguë. De même, dans le *Plan d'action* du « Sommet des Amériques », auquel nous avons fait référence plus haut[17], on n'hésite pas à employer **États américains** pour traduire *countries of the Americas.*

b) *INTER-AMERICAN*

Pour utiliser l'adjectif « interaméricain », il faudrait d'abord admettre qu'il y a plusieurs Amériques. Dans le cas contraire, il faut plutôt utiliser le terme **panaméricain**, c'est-à-dire, comme dit *Le Petit Robert,* « qui concerne les nations du continent américain tout entier ». S'il y a une seule Amérique, le mot « interaméricain » n'a pas plus de sens que n'en auraient les mots « intercanadien » ou « intermexicain ».

Et même si l'on admettait qu'il existe trois Amériques (ou plus), il serait erroné de parler par exemple d'une « entente interaméricaine », car cela supposerait en l'occurrence que l'entente a été conclue entre trois parties qui seraient les « trois Amériques ». Or, aucune « Amérique » ne signe d'entente. Ce sont les *pays* d'Amérique qui signent les ententes. Il s'agit donc d'ententes *intergouvernementales* (entre plusieurs gouvernements) ou *internationales* (entre plusieurs pays) ou, encore une fois, *panaméricaines.*

> *Canada should commit to the ratification of all Inter-American human rights instruments, including the American Convention on Human Rights.*
> **Le Canada devrait s'engager à ratifier tous les instruments panaméricains sur les droits de la personne, y compris la Convention américaine sur les droits de la personne.**

➤ Voir aussi **ÉTATS-UNIEN.**

[17] http://www.summitsoftheamericas.org/French&Portuguese/miamiplan-fr.htm.

➢ *APPEAR*

Nombreux sont les traducteurs qui s'empêchent d'utiliser le mot **apparaître** à cause de vieux traumatismes infligés par des professeurs par ailleurs bien intentionnés...

a) LE SENS FAUTIF

Il est indéniable qu'*appear* en anglais a une extension de sens plus grande qu'**apparaître** en français. Ainsi, il serait fautif de traduire *appear* par **apparaître** dans les occurrences suivantes :

Deductions for union dues shall appear on Income Tax T-4 slips.
Les cotisations syndicales figurent sur les feuillets T-4.

It appeared in the newspapers yesterday.
C'est paru dans les journaux hier.

The officer may require that the applicant appear in person before him...
Le préposé peut exiger du requérant qu'il se présente en personne...

This commitment was repeated in the Throne Speech and the first chance for it to appear is in the February 2003 budget.
Cet engagement a été repris dans le discours du Trône, et c'est par le budget de février 2003 qu'il devrait commencer à se concrétiser.

b) UN SENS SOUVENT ÉVITÉ MAIS TOUT À FAIT ACCEPTABLE

S'il est effectivement incorrect de dire qu'un texte « apparaît » dans le journal ou sur un bordereau, il n'y a rien de mal à dire qu'un message *apparaît* à l'écran quand on fait telle ou telle manœuvre à l'ordinateur. En effet, *Le Petit Robert* donne bien la définition suivante à **apparaître** : « Devenir visible, distinct; se montrer tout à coup aux yeux. » L'idée, c'est que le texte n'était pas là à dix heures dix minutes dix secondes, et qu'il est là à dix heures dix minutes onze secondes. Il est donc bel et bien *apparu*.

Click the Printer icon. The Print dialog box appears.
Cliquer sur l'icône de l'imprimante. La boîte de dialogue *Imprimer* apparaît.

As the user clicks on this link a Flash Animation appears.
Lorsque l'utilisateur clique sur ce lien, une animation Flash apparaît.

À remarquer toutefois que le mot **apparaître** pourrait être fautif dans le cas suivant :

> *A Flash animation appears on the left side of the screen while the user is surfing.*
> **L'utilisateur voit une animation Flash à gauche sur son écran pendant qu'il navigue.**

En effet, dans ce cas, on revient à l'autre sens du mot *appear*, qui indique ici simplement que l'animation *est présente*, et non qu'elle apparaît.

c) ATTENTION À **COMPARAÎTRE** AUSSI

Le mot **comparaître** sert parfois à traduire *appear* :

> *The accused will appear tomorrow.*
> **L'accusé comparaîtra demain.**

Toutefois, il ne faut pas oublier que, selon *Le Petit Robert*, **comparaître**, c'est « se présenter *par ordre* ». Ainsi, il serait fautif de dire qu'un citoyen ou un député « comparaît » devant un comité parlementaire.

> *XYZ and several members have requested to appear before the Committee.*
> **XYZ et plusieurs de ses membres ont demandé à être entendus par le Comité.**

> *I am pleased to appear today before this Committee as the MP for XYZ.*
> **C'est avec plaisir que je prends la parole devant le Comité aujourd'hui en tant que député d'XYZ.**

Dans le même ordre d'idées, il serait préférable de ne pas dire d'un avocat qu'il « comparaît » en cour (à moins qu'il ne soit l'accusé, bien sûr).

> *The Committee is generally not involved in the selection of counsel to appear in trial courts.*
> **En général, le Comité ne participe pas à la sélection des avocats qui plaident devant les tribunaux de première instance.**

> *Our counsel appear before provincial and federal boards.*
> **Nos avocats témoignent/plaident auprès de conseils fédéraux et provinciaux.**

> *The Court awarded costs against a solicitor personally due to counsel's failure to appear.*
> **La Cour a condamné personnellement l'avocat aux dépens parce qu'il ne s'était pas présenté.**

This is the counsel we appointed to appear in the Appeal Court.
Voici l'avocat qui va nous représenter devant la Cour d'appel.

➢ *ASSESSMENT*

Le mot **évaluation** est le premier qui vient à l'esprit pour traduire *assessment*. Cependant, le traducteur d'expérience aura remarqué que ce dernier, qui entre justement en concurrence avec *evaluation*, revêt souvent un sens plus proche de celui du mot français **analyse**.

Voici quelques exemples où ce sens est particulièrement évident.

We will need a detailed assessment of the needs in each country.
Il faudra une analyse détaillée des besoins de chaque pays.

The Committee will complete a strategic assessment of workload factors on the Department.
Le Comité effectuera une analyse stratégique des facteurs contribuant à la charge de travail au Ministère.

This assessment of the project evaluation report revealed a number of weaknesses.
Cette analyse du rapport d'évaluation du projet a mis au jour un certain nombre de lacunes.

I could not validate the results of the study without an assessment of existing evaluations.
Il m'était impossible de valider les résultats de l'étude sans une analyse des évaluations existantes.

The UN should create a Global Fund for assessment and co-ordination of conflict resolution and war prevention.
L'ONU devrait mettre sur pied un fonds mondial consacré à l'analyse et à la résolution des conflits ainsi qu'à la prévention de la guerre.

Bien que les mots **analyse** et **évaluation** ne soient pas vraiment synonymes, il est fréquent qu'ils perdent leur spécificité en contexte. Ainsi, il y a peu de différence tangible entre une *analyse des besoins* et une *évaluation des besoins*, ou entre une *analyse des risques* et une *évaluation des risques*. De ce point de vue, le traducteur a toute latitude. Remarquons toutefois que le choix du mot **analyse** présente l'avantage de varier le vocabulaire (le mot **évaluation** étant déjà utilisé systématiquement pour traduire *evaluation*)... et aussi de produire des textes plus idiomatiques. En effet, le traducteur aurait tort d'attendre systématiquement le mot *analysis* en anglais pour utiliser en français le mot **analyse**, car ce dernier est beaucoup moins fréquent dans la langue de Shakespeare[18], ce qui pourrait d'ailleurs venir étayer la thèse formulée ci-dessus, à savoir que le mot *assessment* est souvent utilisé en anglais là où un rédacteur francophone aurait utilisé le mot **analyse**.

➢ *AWARE*

To be aware of something se traduit souvent correctement par **être au courant de quelque chose**, mais les verbes **connaître** ou **savoir** sont parfois plus appropriés.

> *Were officials aware of this wrongdoing?*
> **Les dirigeants étaient-ils au courant de ces méfaits?**
>
> *How many adult coffee drinkers in Canada are aware of fair trade coffee?*
> **Combien de consommateurs de café adultes au Canada connaissent le café équitable?**
>
> *Decision makers should be aware that each strategy entails certain challenges and risks.*
> **Les décideurs doivent savoir que chaque stratégie comporte des difficultés et des risques.**

➤ Voir aussi *AWARENESS*.

➢ *AWARENESS*

Le traducteur risque d'avoir trop souvent le réflexe de traduire *awareness campaign* par **campagne de sensibilisation**. En effet, un examen des contextes d'utilisation du mot *awareness* nous montre qu'il s'agit au moins aussi souvent d'*information* que de *sensibilisation*.

---

[18] Il serait difficile de prouver cette affirmation sans de fastidieuses recherches. On peut cependant en démontrer le bien-fondé, *prima facie*, par un moyen détourné. En effet, une recherche empirique effectuée dans les sites Web du *Devoir* et du *Monde* en français, et du *New York Times* et du *Globe and Mail* en anglais, a permis de constater qu'en français, le mot **analyse(s)** est 90 fois plus utilisé que le mot **évaluation(s)**, alors qu'en anglais, le mot *analysis/analyses* est seulement utilisé 20 fois plus souvent qu'*evaluation(s)*, et seulement 7 fois plus qu'*assessment(s)*.

Voici quelques exemples éclairants. C'est à la fin qu'on trouvera deux exemples où le mot **sensibilisation** convient, précédés d'un cas où la traduction d'*awareness* est un peu plus particulière.

> *One major activity was an awareness campaign about the voluntary sector.*
> **Une des principales activités a consisté à mener une campagne d'information sur le secteur bénévole.**
>
> *Overall, the speakers tours answered Canadians' urgent need for discussion and awareness in international development issues.*
> **Dans l'ensemble, ces conférences répondaient à un urgent besoin de débat et d'information au sujet du développement international chez les Canadiens.**
>
> *A critical activity over the next three years will be to develop and execute a public awareness strategy surrounding the Program's contribution to public safety.*
> **Une des principales activités des trois prochaines années consistera à élaborer et à exécuter une stratégie d'information de la population sur la contribution du Programme à la sécurité publique.**
>
> *To heighten public awareness of the judiciary and registry processes, the Service holds open houses and symposia.*
> **Afin de mieux informer le public des formalités du greffe et des tribunaux, le Service organise des portes ouvertes et des colloques.**
>
> *Awareness of the anti-terrorism legislation was generally low among participants.*
> **Peu de participants connaissaient la loi antiterroriste.**
>
> *The video raises awareness about fair trade.*
> **La vidéo constitue un instrument de promotion du commerce équitable.**
>
> *This program aims to increase environmental awareness.*
> **Ce programme vise à accroître la sensibilisation à l'environnement**
>
> *The XYZ Award recognizes grassroots achievements in expanding awareness of developing countries among the Canadian public.*
> **Le prix XYZ couronne les réalisations de gens de la base qui contribuent à la sensibilisation de la population canadienne aux réalités des pays en voie de développement.**

À noter que, dans le dernier exemple, le sens d'« information » n'aurait pas été à exclure, mais que, dans ce cas, les deux sens se confondent plus ou moins; le choix du mot **sensibilisation** est guidé par le contexte, et aussi par le fait que l'utilisation du mot **information** aurait compliqué la formulation en français.

➤ Voir aussi *AWARE*; *EDUCATION, EDUCATE.*

➢ *BASED*

On a longtemps hésité à traduire *a London-based company* par **une entreprise basée à Londres**. Ainsi, dans le RColl de 1978, on traduit *London-based* par **dont le centre d'opérations est à Londres**. Cependant, dans le Harrap's de 1993, on traduit *to be based in Manchester* par **être basé à Manchester**, et dans le Collins bilingue de 2002, *to be London-based* est rendu par **être basé à Londres**.

Le tabou est donc levé. Il demeure que cette formule pèche par manque d'élégance et que *Le Petit Robert* de 2001 ne reconnaît toujours **être basé quelque part** que dans le sens militaire. Mais surtout, il faut remarquer que dans bien des cas, de toute façon, la simple préposition **de** ou l'adjectif suffisent à traduire *based.*

> *Beginning a two-year mandate is John Maxwell, a consultant in Values & Ethics based in Ottawa.*
> **John Maxwell, consultant en valeurs et éthiques d'Ottawa, entame un mandat de deux ans.**
>
> *An Ottawa-based ONG working exclusively with small rural communities in El Salvador.*
> **Une ONG d'Ottawa travaillant exclusivement avec les petites communautés rurales au Salvador.**
>
> *Five companies, including several European companies and US-based Cargill, control world grain trade.*
> **Cinq entreprises, dont plusieurs sociétés européennes et la firme états-unienne/américaine Cargill, dominent le marché mondial des céréales.**

De là à l'ellipse, il n'y a qu'un pas :

> *One example is XYZ and Associates based in Ottawa.*
> **On peut citer comme exemple XYZ and Associates, à Ottawa.**
>
> *Pierre H. is a freelance journalist based in Geneva.*
> **Pierre H. est journaliste indépendant à Genève.**

Il demeure évidemment toujours des cas où le mot *based* apporte un élément d'information dont on ne pourra faire l'économie dans la traduction :

> *In Asia perhaps the best known NGO is the Third World Network, based in Malaysia but with formal presence in Europe and Africa.*
> **En Asie, l'ONG la plus connue est sans doute le Third World Network, dont le siège est en Malaisie, mais qui entretient une présence officielle en Europe et en Afrique.**

Il y a aussi des circonstances où la périphrase est nécessaire pour éviter les ambiguïtés ou la répétition des compléments de nom; il s'agit alors en quelque sorte d'une forme d'étoffement.

> *XYZ is a non-governmental non-profit consultative organization based in Ottawa.*
> **XYZ est une organisation non gouvernementale consultative sans but lucratif située à Ottawa.**

> *The Agency will provide $5 million to the Montreal-based UNESCO Institute of Statistics.*
> **L'Agence remettra cinq millions de dollars à l'Institut de statistique de l'UNESCO, établi à Montréal.**

Pour compléter cet exposé, citons quelques contextes où le mot *based* s'applique à une personne, et non à une organisation.

> *There are two Regional Coordinators, one based in Abidjan and the other in Kampala.*
> **Il y a deux coordonnateurs régionaux, dont l'un est affecté à Abidjan et l'autre à Kampala.**

> *The workshops will be explained at a meeting with Geneva-based delegates.*
> **Les ateliers seront présentés à une réunion avec les délégués en poste à Genève.**

> *The ideological foundations of the Tanzania Poverty Reduction Strategy represent the views of a small group of professionals based in key government ministries.*
> **Les fondements idéologiques de la stratégie de réduction de la pauvreté de la Tanzanie représentent le point de vue d'un petit groupe de professionnels travaillant dans les principaux ministères.**

He lectured in Latin America universities from 1971-80, and from 1982 to 1993 was based in Panama and worked on various regional development projects.
Après avoir enseigné dans des universités latino-américaines de 1971 à 1980, il réside au Panama de 1982 à 1993, collaborant à divers projets de développement régional.

He is now based in the Netherlands.
Il vit maintenant aux Pays-Bas.

Notons enfin pour mémoire que seule une société commerciale a un *siège social.* Un organisme sans but lucratif a un *siège* tout court.

➢ *BILL*

En principe, *bill* se traduit par **projet de loi**. En pratique, cependant, la désignation numérotée du projet de loi (exemple : *Bill C-36* pour la *Loi antiterroriste*) continue d'être utilisée même après la promulgation. Dans ce cas, il serait plus exact de dire en français la *loi C-36* (sans majuscule), par exemple.

➢ *CARIBBEAN*

Les mots **Caraïbes** et **Antilles** sont synonymes, comme l'atteste cette courte entrée du GDEL : « **Caraïbes** (îles), nom donné parfois aux Antilles. – On appelle aussi la mer des Antilles **mer des Caraïbes** ou **mer Caraïbe**[19]. »

Rappelons toutefois au traducteur qu'il n'existe pas d'équivalent morphologique du mot **Antilles** en anglais (autrement dit, pas de mot qui ait la même apparence) et que, par conséquent, il lui faudra un effort conscient pour ne pas traduire systématiquement *Caribbean* par **Caraïbes**. Cet effort contribuera à la production d'une traduction non pas forcément moins erronée, mais certainement plus idiomatique, étant entendu que le mot **Antilles** est de loin le plus courant dans le monde francophone.

Certains auteurs ont suggéré d'utiliser **Caraïbes** pour les pays du monde anglo-saxon et **Antilles** pour les pays de la francophonie. Grand bien leur fasse, quoique cette distinction ne repose sur rien géographiquement ni par rapport à l'usage. En effet, selon le GDEL, les Grandes Antilles comprennent aussi bien Haïti que la Jamaïque ou les Bahamas, et les Petites Antilles comprennent toutes les îles de l'archipel, « des îles Vierges à la Grenade[20] ».

---

[19] *Grand Dictionnaire encyclopédique Larousse*, Paris, Librairie Larousse, 1982, sous **Caraïbes**.
[20] *Grand Dictionnaire encyclopédique Larousse*, Paris, Librairie Larousse, 1982, sous **Antilles**.

➢ *COMMITMENT, COMMITTED*

Commitment signifie « engagement », certes, mais depuis qu'il est particulièrement à la mode, il est surtout employé dans un autre sens plus particulier. En français, on prend un engagement devant quelqu'un d'autre. En anglais, le mot *commitment* exprime plus souvent un état intérieur.

Ainsi, non seulement la traduction de *commit* ou de *commitment* par **s'engager** ou **engagement** est-elle souvent inélégante, mais elle donne aussi parfois lieu à des faux sens.

a) LE SUBSTANTIF *COMMITMENT*

Voici des exemples pour éclairer ce propos. Les premiers montrent des cas où *commitment* se traduit correctement par **engagement**. Les suivants, d'autres cas, très nombreux, où l'utilisation du mot **engagement** serait une erreur. Les derniers exemples illustrent bien de quelle façon le même mot doit parfois se traduire de deux façons différentes.

> *The Strategy reaffirms the 2003 commitment to increase the government's investment in agriculture fivefold.*
> **La Stratégie confirme l'engagement de 2003 selon lequel le gouvernement quintuplerait son apport à l'agriculture.**

> *Federal Budget 2004 sustains the government's 8% commitment for aid increases.*
> **Dans le budget fédéral de 2004, le gouvernement tient son engagement d'augmenter l'aide internationale de 8 %.**

> *Our commitment to diversity finds its primary expression in the federal structure of our Constitution.*
> **Notre adhésion au principe de la diversité s'exprime d'abord dans la structure fédérale établie par la Constitution.**

> *Our commitment to sustainable development remains strong, and we will pursue that commitment through further action.*
> **Notre attachement au développement durable demeure inébranlable, et nous continuerons d'agir en conséquence.**

> *Developing country governments have to make a strong and unambiguous policy commitment to sustainable private sector development.*
> **Les gouvernements des pays en développement doivent faire une profession de foi sans équivoque en faveur du développement durable du secteur privé.**

Let's not forget the commitment it will take for XYZ to establish an effective fundraising program so that donors can be encouraged to donate at various levels of giving.
N'oublions pas la détermination dont XYZ devra faire preuve pour se doter d'un programme de financement efficace incitant les donateurs à verser des contributions de plusieurs ordres de grandeur.

Canada's commitment to the Wheat Board should be matched by a support of its creed.
La loyauté du Canada à l'égard de la Commission canadienne du blé doit se traduire par un appui à son credo.

As the Minister of Justice, it is my responsibility as well as my commitment to ensure that federal law and policy reflects our international obligations.
En tant que ministre de la Justice, il est de mon devoir, et c'est aussi mon ambition, de veiller à ce que les lois et les politiques fédérales respectent les obligations internationales du Canada.

Key elements are missing from the declaration, including commitments to clarify a ban on life patenting and commitments on democratization of WTO processes.
Plusieurs points importants brillent par leur absence dans la déclaration, notamment la volonté d'interdire le brevetage de la vie et l'intention de démocratiser les processus de l'OMC.

There is no conflict between a commitment to security and a commitment to our most deeply held values.
Il n'y a pas de conflit entre le souci de la sécurité et la volonté de respecter nos valeurs les plus profondes.

Lawyers must find a way to carefully balance commitment to the collaborative process and to their clients.
L'avocat doit trouver le juste équilibre entre le respect du processus de collaboration et la loyauté envers son client.

If rich countries are serious about their commitment to the UN goals, then they will need to demonstrate this commitment through trade policies that are more conducive to development.
Si les pays riches entendent véritablement concourir aux objectifs de l'ONU, ils devront démontrer cette volonté par des politiques commerciales qui favorisent davantage le développement.

This Conference should result in a clear commitment to implement the commitments agreed at the Brussels Conference.
Cette conférence doit se conclure par l'expression de la ferme résolution de mettre en œuvre les engagements pris à la conférence de Bruxelles.

The commitment to coherence in the International Policy Review provides an important opportunity to address the growing divide between Canada's trade priorities and its human rights commitments.
L'importance accordée à la cohérence dans cet examen de la politique internationale fournit une excellente occasion de se pencher sur le fossé grandissant qui existe entre les priorités du Canada en matière de commerce et ses engagements en matière de droits de la personne.

b) L'ATTRIBUT *COMMITTED*

Voyons maintenant quelques exemples avec le verbe comme attribut, également très fréquent :

XYZ is committed to fostering a continuous learning environment and providing staff with opportunities for development.
XYZ croit foncièrement à l'importance de favoriser la formation permanente en offrant à son personnel des occasions de perfectionnement.

The Service is committed to improving the security, accessibility and integrity of computer systems.
Le Service entend améliorer la sécurité, l'accessibilité et l'intégrité des systèmes informatiques.

Since its establishment, the Service has been committed to consolidating the functions of the two former organizations.
Depuis sa création, le Service s'est employé à regrouper les fonctions des deux anciens organismes.

The organization and its leadership must be committed and engaged.
L'organisme et ses dirigeants doivent être convaincus et motivés.

The U.S. is increasingly committed to following its own unilateral path.
Les États-Unis sont de plus en plus déterminés à agir unilatéralement.

XYZ is committed to employment equity.
XYZ souscrit au principe d'équité en matière d'emploi.

XYZ is a non-profit network committed to building a just and sustainable world through business.
XYZ est un réseau sans but lucratif voué à l'avènement d'un monde juste et durable par l'activité commerciale.

> *[...] Canadians are committed to a respect for individual and collective human rights and freedoms of all people.*
> **[...] l'attachement des Canadiens au respect des droits et libertés individuels et collectifs.**

Le dernier exemple reproduit en fait l'alinéa 1*f*) du défunt accord constitutionnel de Charlottetown adopté en 1992. À l'époque, certains ont critiqué cette traduction de *commitment* par **attachement**, opinion à laquelle nous ne saurions souscrire.

c) LE VERBE *TO COMMIT [ONESELF TO]*

La forme active *to commit [oneself to]* ne pose pas le même genre de problème que les formes précédentes, car son sens est presque invariablement « s'engager à ».

> *G8 leaders committed themselves to supporting this African-led initiative.*
> **Les dirigeants du G-8 se sont engagés à appuyer cette initiative africaine.**

> *The three leaders committed themselves to working closely together.*
> **Les trois dirigeants se sont engagés à collaborer étroitement.**

Le problème ici est surtout d'ordre syntaxique, car, en français, le verbe **s'engager [à]** est forcément suivi d'un verbe, alors qu'en anglais, *to commit oneself to* est parfois suivi d'un nom. On voit quelquefois en français des syntagmes-monstres du genre « s'engager envers la qualité », ce qui est à éviter à tout prix. En effet, comme le confirme le *Prépositionnaire* de Bulman (FBul), on peut s'engager envers quelqu'un, mais non envers quelque chose.

Lorsque le verbe *to commit [oneself to]* est suivi d'un nom, il y a deux grandes catégories de solutions possibles. La première consiste à conserver le verbe **s'engager**. Il faudra alors transformer le substantif qui suit en verbe, ou encore intercaler un autre verbe avant le complément. L'important est que le verbe **s'engager** soit suivi d'un verbe.

> *In Doha, all WTO members committed themselves to reductions in their support of agriculture.*
> **À Doha, tous les membres de l'OMC se sont engagés à réduire leurs subventions agricoles.**

> *In 1994, the 34 governments of the hemisphere committed themselves to practical progress on the vital task of enhancing democracy.*
> **En 1994, les 34 gouvernements du continent se sont engagés à accomplir des progrès concrets dans la tâche fondamentale qui a pour but d'améliorer la pratique démocratique.**

La deuxième solution consiste tout simplement à utiliser un autre verbe que **s'engager**.

> *In September 2000, the international community has committed to the Millennium Development Goals, which aim to cut in half the proportion of people living in poverty by 2015.*
> **En septembre 2000, la communauté internationale a adopté les Objectifs de développement du millénaire, qui visent à réduire de moitié la proportion des personnes vivant dans la pauvreté d'ici à 2015.**

> *All donor countries have committed themselves to the 0.15 per cent target.*
> **Tous les pays donateurs ont adhéré à l'objectif de 0,15 %.**

Comme souvent, les solutions hybrides demeurent possibles :

> *In September 2000, heads of state around the world re-committed themselves to the eradication of global poverty.*
> **En septembre 2000, les chefs d'État du monde entier ont réitéré leur volonté d'éliminer la pauvreté sur la planète.**

➢ *COMMUNITY*

Il n'est pas toujours facile de traduire le terme *community*, par ailleurs très courant, d'autant plus que sa ressemblance avec le mot **communauté** rend ce dernier suspect d'emblée aux yeux de bien des traducteurs et réviseurs. Essayons de démêler un peu tout cela.

a) COMMUNAUTÉ ET COLLECTIVITÉ

Commençons par consulter *Le Petit Robert* :

> **Communauté :** « Groupe social dont les membres vivent ensemble, ou ont des biens, des intérêts communs. »

> **Collectivité :** « Ensemble d'individus groupés naturellement ou pour atteindre un but commun. »

Voyons ensuite quelle distinction tente de faire Bénac dans son *Dictionnaire des synonymes* :

> **Communauté** désigne [...] « l'ensemble des citoyens d'un État, d'une ville, d'un village, unis par un lien d'intérêt ou des habitudes communes [...]. **Collectivité** envisage l'ensemble des hommes comme formant une sorte d'être qui transcende l'individu [...] ».

La mise en commun de ces définitions nous permet de dégager des mots-clés pour établir la distinction entre les deux mots : pour **communauté**, ce serait « qui vivent ensemble », tandis que, pour **collectivité**, ce serait « qui transcende l'individu ». Évidemment, l'un n'exclut pas l'autre, mais le tout est de savoir sur quel aspect on veut mettre l'accent. On pourrait dire que le mot **communauté** revêt un sens plus concret, et le mot **collectivité** un sens plus abstrait.

Ainsi, dans le *Journal des débats* de l'Assemblée nationale du Québec, on peut lire les phrases suivantes :

> **Le bénévole met au service de la collectivité ses compétences et son imagination sans contrepartie financière**[21]**.**
>
> **Personnellement, je suis un de ceux qui disent que, quand c'est la collectivité qui paie, il y a une certaine contrainte aux libertés individuelles [...]**[22]**.**

La *collectivité* s'oppose ici à l'*individu*, sans qu'on ait besoin de la situer concrètement ou géographiquement.

Pour ce qui est de la *communauté*, pensons d'abord, évidemment, aux communautés religieuses, qui « vivent ensemble », aux communautés urbaines ou à la Communauté européenne, caractérisées principalement par une *communauté de lieu*.

> **Le comité a conçu un projet de réforme qui a ensuite été modifié suite aux commentaires de la communauté**[23]**.**

La communauté, c'est-à-dire ici les gens qui vivent dans le secteur, et non pas l'ensemble des gens, collectivement, dans une sorte d'abstraction.

b) LES COMMUNAUTÉS LINGUISTIQUES ET CULTURELLES, Y COMPRIS LES COMMUNAUTÉS AUTOCHTONES

Beaucoup de traducteurs hésitent à traduire *cultural communities* par **communautés culturelles**. Pourtant, *Le Petit Robert* donne sans ambages les exemples suivants : « Communauté linguistique et culturelle. Les communautés francophone, flamande et germanophone de Belgique. »

---

[21] Assemblée nationale du Québec, *Journal des débats*, Débats de l'Assemblée nationale, vol. 38, n° 37, le vendredi 5 décembre 2003.

[22] Assemblée nationale du Québec, *Journal des débats*, Commission permanente des transports et de l'environnement, le jeudi 3 février 2000.

[23] *Le Monde interactif*, 18 décembre 2002.

Dans la même veine, la traduction d'*aboriginal communities* par « collectivités autochtones » sent la surcorrection. En effet, les villages autochtones sont bel et bien des communautés, tout d'abord au sens spatial et géographique, et également, si l'on veut, au sens ethnique et culturel. Toutefois, il faut dire que l'anglais est très friand du mot *community*, plus que le français ne l'est de **communauté**, et qu'en réalité, il serait plus naturel de traduire *aboriginal communities* par **villages autochtones** tout simplement. Les habitants de Québec ne disent-ils pas traditionnellement **village huron** ou **village des Hurons** pour désigner ce qui s'appelle maintenant Wendake, dans la banlieue nord de leur ville? Contrairement à ce qu'on pourrait objecter de prime abord, le mot **village** n'a rien de réducteur : le village est une réalité universelle, et bien des localités canadiennes sont nettement plus grandes que les communautés autochtones sans qu'on répugne à les appeler **villages**.

On pourrait même dire que, dans la plupart des cas, **collectivité autochtone** frise le faux sens pour traduire *aboriginal communities*. En effet, on parle en français de *collectivité publique* (PRob) et de *collectivité locale* (TJ-MJQ) pour désigner une « personne morale de droit public », c'est-à-dire la municipalité elle-même, au sens juridique et administratif[24].

Ainsi, le plus clair serait de traduire *aboriginal community* par **village** (ou **communauté**) **autochtone** et *aboriginal government* par **collectivité locale autochtone** (ou **gouvernement autochtone**, selon le cas).

➤ Voir aussi *GOVERNMENT*.

c) LE SENS PLUS GÉNÉRAL

Comme nous l'avons évoqué plus haut, l'utilisation répétée du terme **communauté**, même dans un sens acceptable, pourrait constituer un anglicisme de fréquence. Ainsi, la traduction de ce terme passe souvent par d'autres expressions qui paraîtront beaucoup plus naturelles que **collectivité** ou **communauté**.

the business community	**le monde des affaires**
the scientific community	**les milieux scientifiques**
the client community	**la clientèle**

We want to make a difference in our community.
Nous voulons faire bouger les choses dans notre milieu.

[24] Pour en savoir plus à ce propos, consulter la rubrique *GOVERNMENT* du présent ouvrage.

These specialized programs are designed for community leaders.
Ces programmes spécialisés sont conçus pour les personnes actives dans leur milieu.

The offender has been released into the community.
Le contrevenant a réintégré la société.

➢ *COMPLETE*

Dans la scène d'ouverture du film *Le grand coup de Max Keeble* (*Max Keeble's Big Move*), sur un fond de musique à la *Mission impossible*, on voit un jeune garçon de 12 ans qui lit sur un ordinateur de poche au petit matin : « *YOUR MISSION : Complete paper route in 30 mins* ». Dans la version doublée en français, une voix hors champ traduit ce message comme suit : « VOTRE MISSION : Terminer la livraison des journaux en 30 minutes ».

Bon élève, le traducteur a évité ici l'anglicisme classique « compléter ». Mais la notion de « terminer » est-elle la plus appropriée ici? L'idée n'est-elle pas plutôt que la livraison des journaux devra non pas vraiment *se terminer*, mais *se faire au complet en 30 minutes*? Autrement dit, n'aurait-il pas été plus exact de dire **VOTRE MISSION : Effectuer/assurer/faire la livraison des journaux en 30 minutes**?

Ainsi, dans le souci, bien assimilé maintenant chez la plupart des traducteurs, d'éviter l'anglicisme « compléter », on en vient à oublier que le mot **terminer** n'est pas si différent que ça du mot **compléter** : dans les deux cas, on fait logiquement référence à une action qui est commencée. Malgré les apparences, ce n'est pas toujours le cas du mot anglais *complete*, qui a souvent le sens plus général d'« effectuer », « réaliser » ou « accomplir ».

The assistance of the following people during the completion of this project is gratefully appreciated.
La contribution apportée par les personnes suivantes durant la réalisation de ce projet est grandement appréciée.

The participants must return to their home country after completing their placement.
Le participant doit retourner dans son pays après avoir effectué son stage.

Some relations may be purely for the purpose of delivering services, or completing a project.
Certaines relations se limitent à la prestation de services ou à la réalisation d'un projet.

To state the obvious, after completing their marking, the Selection Board should have checked it for consistency.
Il est évident qu'après avoir noté les examens, le comité de sélection aurait dû procéder à un contrôle d'uniformité.

He has agreed to complete the work at no charge.
Il a accepté de remplir ce mandat gratuitement.

This issue will be added to a future meeting once Mr. Drouin has completed the issue note.
On en reparlera à une autre réunion, lorsque M. Drouin aura rédigé sa note.

She is currently completing her Master's degree in Translation.
Elle fait actuellement une maîtrise en traduction.

Dans le dernier cas, il est certes possible que le sens soit plus exactement « Elle termine actuellement une maîtrise en traduction ». C'est le contexte qui éclairera le traducteur. Le plus important est de savoir, à la lumière des autres exemples du présent article, que ce sens n'est pas du tout le plus probable, contrairement à ce qu'on pourrait croire de prime abord.

Comparons les exemples qui précèdent à ceux qui suivent, où *complete* véhicule vraiment l'idée de « terminer » :

I am completing my term as Chair with a sigh of relief.
Je termine mon mandat de présidente avec un soupir de soulagement.

The Branch is just completing an agency-wide consultation process.
La Direction achève un exercice de consultation ayant mis à contribution l'Agence au complet.

Focus next year will be on completing firearms registration and continuing to emphasize the benefits of the program.
L'an prochain, on s'emploiera à compléter l'enregistrement des armes à feu et à continuer de faire valoir les avantages du programme.

Pour conclure, voyons l'exemple suivant, tiré d'un questionnaire de sondage, qui montre un contexte où il est évident que le mot *complete* ne veut surtout pas dire « terminer » :

What is the highest level of formal education you have completed?
Some high school
Graduated high school
Some community college
Graduated community college

Les choix de réponse comme *some high school* ou *some community college* signifient, justement, que le niveau d'études en question n'a pas été terminé. On pourrait toujours parler de « terminer une partie du secondaire », mais le mot **terminer** ici, comme dans l'exemple présenté en introduction du présent article, ne serait certainement pas le choix le plus naturel.

➢ *CONFERENCE, SYMPOSIUM, SEMINAR*

Quelles sont les différences en français entre **conférence**, **congrès**, **colloque**, **séminaire** et **symposium**?

Tous ces termes ont plus ou moins le sens de « réunion de personnes qui discutent d'un sujet ». C'est la définition donnée dans le Multi pour **conférence**, qui ajoute que **colloque** et **congrès** sont synonymes, mais qui établit une distinction entre ces deux derniers termes à la rubrique **congrès**.

En fait, les distinctions entre tous ces termes sont parfois ténues, mais la consultation de plusieurs sources permet de dégager les tendances suivantes.

La *conférence* regroupe généralement des personnalités de haut niveau qui y assistent en vertu de leur fonction, et elle est souvent désignée justement par ce titre de fonction : **conférence des premiers ministres**, **conférence des évêques**. Le même terme est également utilisé aujourd'hui pour désigner les grands rassemblements internationaux thématiques, organisés, par exemple, sous l'égide de l'ONU : **la Conférence de Beijing sur les femmes**. Par extension, selon *Le Petit Robert*, on peut aussi parler d'une *conférence de médecins* ou d'une *conférence de droit.*

Le problème du mot **conférence**, c'est qu'en français, il peut désigner aussi un discours, au sens anglais de *lecture*. Ainsi, hors contexte, comment comprendre la phrase suivante?

> **J'ai assisté à une conférence sur le sida la semaine dernière.**

Puisque cette ambiguïté n'existe pas dans le mot anglais *conference*, le traducteur sera bien avisé d'utiliser un autre terme si possible. On voit ici l'importance de faire la distinction :

> *The Department should have some employees act as ambassadors by giving lectures, attending conferences, etc.*
> **Le Ministère devrait nommer certains employés qui joueraient un rôle d'ambassadeurs en donnant des conférences, en assistant à des colloques, etc.**

En général, les mots **colloque** et **congrès** conviennent parfaitement. Grosso modo, ils se distinguent par les traits suivants : le *colloque* est généralement de moins grande envergure que le *congrès*, et il est surtout axé sur le débat d'idées, alors que le *congrès* est généralement périodique et axé surtout sur la rencontre, par exemple des membres d'une association ou d'une profession. D'ailleurs, le congrès comporte souvent des activités sociales et culturelles.

Le *séminaire* (qui n'est pas restreint au domaine universitaire) est caractérisé par la nature spécialisée ou scientifique du sujet, par le caractère restreint du groupe et par la présence d'un meneur de jeu (professeur ou chercheur, par exemple).

Le *symposium*, selon le Multi, est un congrès scientifique. Selon *Termium*, il se distingue du *colloque* par le fait que ses participants appartiennent tous à la même discipline.

Les termes anglais *symposium* et *seminar* sont parfois utilisés au sens de « colloque ».

Est-il besoin de préciser que « convention » est toujours fautif dans ce genre de contexte? **Convention** au sens d'« assemblée » est disparu du français au XVIe siècle. On fait une exception, en français contemporain, pour parler des assemblées préélectorales des grands partis politiques aux États-Unis; dans ce cas, **convention** est entré dans l'usage (comme **Congrès** pour désigner la législature états-unienne). Mais en parlant de la France, du Canada et même de la Grande-Bretagne, « on emploie les mots **assemblée** et **congrès** quand on parle des réunions des partis politiques [...] où ceux-ci désignent leurs candidats » (Dagenais).

Pour conclure et éviter les accès de surcorrection, précisons que, selon *Le Petit Robert*, on peut *avoir une conférence* avec quelqu'un si on a avec lui une « conversation à caractère officiel ou solennel » et qu'on peut aussi *être en conférence* si on a une « réunion de travail (dans une entreprise) ». Ce genre de conférence peut notamment être téléphonique.

➢ *COPY*

a) EXEMPLAIRE

Les ouvrages normatifs nous signalent depuis longtemps qu'il est fautif d'utiliser **copie** au sens d'« exemplaire » pour un ouvrage d'imprimerie.

> *She bought three <u>copies</u> of my book.*
> **Elle a acheté trois <u>exemplaires</u> de mon livre.**

We made 1,000 copies of this pamphlet.
Nous avons tiré ce dépliant à 1 000 exemplaires.

Mais à l'ère de l'informatique, qu'est-ce qu'un *ouvrage d'imprimerie*? Il est intéressant de constater que, dès 1967, à une époque où la micro-informatique relevait de la science-fiction, Dagenais se posait une question similaire :

> On pouvait naguère indiquer de la façon suivante la différence entre **copie** et **exemplaire** afin de désigner correctement une reproduction d'un écrit : une copie est une reproduction par l'écriture à la main ou à la machine à écrire ou obtenue par un procédé de polycopie et un exemplaire est une reproduction obtenue par l'imprimerie. C'était simple et cela ne prêtait à aucune confusion. Mais les procédés de polycopie permettant de reproduire clairement et rapidement un assez grand nombre de fois des textes considérables hors d'un atelier d'imprimerie se sont tellement rapprochés de ceux de l'imprimerie que cette distinction n'est plus suffisante[25].

Les observations de Dagenais, *mutatis mutandis*, demeurent valides au XXIe siècle :

> Supposons le cas d'une revue publiée par des étudiants, tirée à quelque 1,000 [sic] unités, dont les pages originales sont reproduites à l'aide d'une machine à polycopier moderne et dont les feuilles assemblées sont brochées sous une couverture : chaque reproduction de cette revue est un exemplaire, non une copie, même si elle ne sort pas d'un atelier d'imprimerie. Cela s'applique également à un rapport de gestion ou à un catalogue reproduit par un procédé moderne de polycopie et, broché, formant un ouvrage.
>
> Aujourd'hui, toute unité d'un ouvrage reproduit un certain nombre de fois par un procédé de polycopie est un exemplaire autant qu'une reproduction d'une seule feuille obtenue par l'imprimerie[26].

L'idée de « brochage » mentionnée ici ne doit pas faire naître trop de scrupules. *Le Petit Robert* ne parle-t-il pas tout bonnement de « photocopier un texte en dix exemplaires », sans préciser la nature de la reliure? Ainsi, la traduction suivante conviendra, peu importe que le tirage se fasse par photocopie ou par voie informatique :

---

[25] Gérard DAGENAIS, *Dictionnaire des difficultés de la langue française au Canada*, Montréal, Pedagogia, 1967, p. 198.

[26] Gérard DAGENAIS, *Dictionnaire des difficultés de la langue française au Canada*, Montréal, Pedagogia, 1967, p. 199.

The Employer shall arrange for the printing of sufficient copies of the Agreement to distribute a copy to each Employee.
L'employeur fait tirer un nombre suffisant d'exemplaires de la convention collective pour pouvoir en remettre un à chaque employé.

b) Copie

En fait, le mot **copie** sera réservé aux contextes où l'on fait référence, implicitement ou explicitement, à un original.

C'est une mauvaise copie. Tirez-m'en cinq copies. (Dubuc)

Julie a gardé une copie de son travail. (Multi)

A copy of the letter should be sent to the ED.
Une copie de la lettre doit être envoyée à la DG.

À noter que dans ce dernier cas, le mot **exemplaire** serait fautif et relèverait de la surcorrection. La lettre comme telle (l'original) est destinée à une personne autre que la directrice générale, et on en envoie à cette dernière une *copie*, à titre d'information.

c) Dans le domaine juridico-administratif

De même, dans un contexte juridique, on dira qu'il faut fournir une *copie* d'un acte et non un *exemplaire* de cet acte si l'original est conservé au greffe. Un acte peut cependant également être produit en trois exemplaires, ce qui signifie qu'il a été produit comme tel dès l'origine.

On peut alors employer **duplicata** : « Second exemplaire d'un document (pièce, acte, etc.) ayant été établi en double et qui, contrairement à une copie, a la même valeur que l'original[27]. » On peut également utiliser ici le mot **double**.

Le GDT ajoute la note suivante : « Dans la pratique administrative on nomme aussi **duplicata** un document ayant la même valeur que l'original perdu ou volé (par exemple un permis de conduire, un diplôme), même si le second document n'a pas été réalisé au même moment que le premier[28]. »

À noter qu'un duplicata a généralement été produit en même temps que l'original et a toujours la même valeur que lui. Le mot anglais *duplicate* peut

[27] Office québécois de la langue française, *Grand Dictionnaire terminologique*, http://www.granddictionnaire.com.

[28] Office québécois de la langue française, *Grand Dictionnaire terminologique*, http://www.granddictionnaire.com.

avoir ce sens, mais dans d'autres domaines, par exemple en reprographie, il peut aussi avoir simplement le sens de « copie », auquel cas on utilisera plutôt ce dernier mot ou, encore une fois, **double**.

Notons enfin le cas de **copie [certifiée] conforme**, ou *true copy* : « Copie dont la conformité au document original a été reconnue par une autorité compétente[29]. »

d) *CARBON COPY*

Le papier carbone n'est plus très utilisé aujourd'hui, mais il existe encore des *carbon copy*, par exemple sur certaines factures ou certains bordereaux. Le GDT les désigne par **double carbone** ou **double sur carbone**.

Le mot *carbon copy* est aussi utilisé parfois dans le sens de « copie conforme », aussi bien en messagerie électronique qu'en correspondance traditionnelle.

e) **TEXTE**

Il ne faut pas oublier par ailleurs que le sens du mot *copy* est plus vaste que les champs sémantiques de **copie** et d'**exemplaire** réunis. Ainsi, un rédacteur s'appelle souvent en anglais *copy writer*. Le mot *copy* signifie tout simplement « texte » ici, et on se rend compte que, justement, **texte** paraît souvent plus naturel qu'**exemplaire** pour traduire ce mot dans plusieurs contextes.

> *Contact Heather S. if you would like a copy of the Declaration.*
> **Pour obtenir le texte de la déclaration, communiquer avec Heather S.**
>
> *Action: Marie to obtain copy of Supreme Court decision.*
> **Suivi : Marie se procurera le texte de l'arrêt de la Cour suprême.**
>
> *Please submit an official copy of the changes.*
> **Veuillez fournir le texte officiel des modifications.**

f) IMPLICITATION

Par ailleurs, les traducteurs chevronnés auront remarqué que, dans l'usage, il est souvent inutile de traduire le mot *copy*.

> *We will distribute a copy of the work plan before the meeting.*
> **Nous distribuerons le plan de travail avant la réunion.**

[29] Office québécois de la langue française, *Grand Dictionnaire terminologique*, http://www.granddictionnaire.com.

For a copy of the final proceedings go to www.abc.org.
Pour obtenir le procès-verbal : www.abc.org.

Copies of both these letters are available on the Council's Web site.
On peut lire les deux lettres dans le site Web du Conseil.

g) Le sens scolaire de **copie**

Enfin, pour prévenir les accès de surcorrection, précisons que le mot **copie** au sens de « devoir qu'un écolier rédige sur une feuille volante qu'il remet au professeur » (PRob) est tout à fait correct.

➢ *COURT*

Quelle est la différence entre **cour** et **tribunal**? En principe, on considère que le tribunal est de rang inférieur. Il est vrai que tous les tribunaux de juridiction supérieure sont appelés **cours** (**Cour d'appel**, **Cour suprême**), mais un bon nombre de tribunaux inférieurs portent aussi cette désignation (**Cour des petites créances**, **Cour municipale**).

a) Traduction par **tribunal**

De toute façon, cette distinction n'est pas la plus utile pour le traducteur, car celui-ci est rarement appelé à choisir l'appellation des tribunaux. Il en est une autre, par contre, qu'il lui sera plus avantageux de connaître, à savoir que « l'usage moderne semble faire de **tribunal** le terme générique, c'est-à-dire celui qu'on emploie lorsqu'on ne parle pas d'un tribunal en particulier[30] ».

Ainsi, le traducteur avisé fera bien de ne pas se laisser influencer par le mot *court* en anglais en le traduisant automatiquement par son paronyme français. En effet, il est beaucoup plus fréquent que le mot *court* doive être rendu par **tribunal**. L'exemple suivant en est une bonne illustration :

The Supreme Court of Canada is Canada's highest court.
La Cour suprême du Canada est le plus haut tribunal du pays.

La Cour suprême est bien évidemment un tribunal de juridiction supérieure, mais dans cette phrase, le mot *court* est utilisé dans son sens générique : c'est le plus haut tribunal parmi tous les tribunaux.

[30] Institut Joseph-Dubuc, « Cour ou tribunal? Comment juger de la différence », *Point de langue*, 1999, http://www.ustboniface.mb.ca/cusb/institut/juristes/langue/courtrib.html.

Soulignons d'ailleurs que le mot *tribunal* n'est à peu près jamais employé en anglais, sauf de façon spécifique pour désigner les *tribunaux administratifs*.

Ainsi, il serait inélégant, voire fautif, de traduire *courts* par **cours** dans le contexte suivant, même si en l'occurrence, les quatre tribunaux en question portaient le nom de **Cour** :

> *The manager works in close cooperation with the Chief Justices of the four courts.*
> **Le directeur agit en étroite collaboration avec les juges en chef des quatre tribunaux.**

b) TRADUCTION PAR **COUR**

On retiendra le mot **cour**, principalement, dans trois situations.

Premièrement, lorsque le mot fait ellipse pour désigner un tribunal en particulier. Autrement dit, tout comme on peut dire **le Conseil** tout court, en contexte, pour désigner le Conseil de la radiodiffusion et des télécommunications canadiennes, on peut évidemment dire **la Cour** pour parler, par exemple, de la Cour suprême ou de la Cour des petites créances lorsque le contexte est clair. À noter que le mot prendra, bien évidemment, la majuscule dans ce cas.

Deuxièmement, lorsque le mot désigne ou pourrait désigner (les deux réalités peuvent facilement se confondre) « l'ensemble des magistrats qui siègent pour rendre la justice » (TLF). Autrement dit, non pas l'institution comme telle, mais le ou les juges qui y siègent. Dans ce sens, le mot peut aussi prendre la majuscule (mais pas obligatoirement) :

> **Messieurs, la Cour!**
>
> *Media reports of sentencing decisions periodically attract public controversy. This is often because of incomplete reporting of mitigating circumstances considered by the court.*
> **Les peines traitées par les médias suscitent régulièrement la controverse, souvent parce que ceux-ci ne rendent pas compte de toutes les circonstances atténuantes prises en considération par la Cour.**
>
> *We have amended the* Criminal Code *to allow the court to appoint counsel to conduct the cross-examination in all criminal harassment proceedings.*
> **Nous avons modifié le *Code criminel* afin d'autoriser la cour à nommer un avocat d'office pour le contre-interrogatoire dans tous les cas de harcèlement criminel.**

> *Often enough, the prosecution cannot prove all elements of a criminal case beyond a reasonable doubt and the court must find the defendant not guilty, however suspicious the court may be.*
> **Il est assez fréquent que la poursuite ne puisse pas prouver tous les éléments d'une accusation au criminel au-delà de tout doute raisonnable, et alors, la cour doit déclarer l'accusé non coupable, même si elle entretient de sérieux soupçons.**

Troisièmement, dans les expressions figées, comme **cour de justice** ou **cour d'appel**[31].

> *In some situations, the Supreme Court may want the case remanded to the previous relevant provincial Court of Appeal.*
> **Il arrive que la Cour suprême renvoie l'affaire à la cour d'appel provinciale compétente d'où elle arrive.**

À noter que, dans ce dernier cas, le mot **cour** prend la minuscule, car il est utilisé dans un sens générique.

➢ *DATA BASE*

Les ouvrages spécialisés, en français comme en anglais, prennent bien soin d'établir une distinction entre *data base* et *data bank*. Il n'empêche que, comme le rapportent Ginguay et Lauret dans leur *Dictionnaire d'informatique* : « La distinction entre **base de données** et **banque de données** n'est pas très nette[32]. » Quelle est-elle, malgré tout? Les définitions ISO peuvent peut-être nous éclairer :

> **Banque de données** (*data bank*) : Ensemble de données relatif à un domaine défini des connaissances et organisé pour être offert aux consultations d'utilisateurs[33].

> **Base de données** (*data base*) : Structure de données permettant de recevoir, de stocker et de fournir à la demande des données à de multiples utilisateurs indépendants[34].

---

[31] Attention : « règlement hors cour » est un anglicisme à remplacer par **règlement à l'amiable**.

[32] Michel GINGUAY et Annette LAURET, *Dictionnaire d'informatique*, 3e édition, Paris, Masson, 1987, p. 23.

[33] Organisation internationale de normalisation (ISO) et Association française de normalisation (AFNOR), *Dictionnaire de l'informatique*, Genève-Paris, ISO-AFNOR, 1989, sous **banque de données**.

[34] Organisation internationale de normalisation (ISO) et Association française de normalisation (AFNOR), *Dictionnaire de l'informatique*, Genève-Paris, ISO-AFNOR, 1989, sous **base de données**.

On pourrait donc dire, grosso modo, que la *banque de données* s'adresse à l'utilisateur, tandis que la *base de données* est envisagée du point de vue technique, celui du programmeur.

Le traducteur n'a toutefois pas besoin de connaître avec précision cette distinction puisque si on tient à la faire, de toute façon, l'équivalence des paronymes est parfaite dans toutes les sources : *data base* se traduit toujours par **base de données** et *data bank* par **banque de données**.

Il n'empêche que, dans la langue courante, *data base* est beaucoup plus utilisé que *data bank* en anglais, sans égard à la distinction qui précède. En français, on semble aussi ne pas trop tenir à faire la différence, mais on opte pour l'autre vocable, soit **banque de données**, plus souvent que l'anglais pour son équivalent.

Un survol de l'usage dans le *New York Times* et le *Globe and Mail* pour l'anglais et dans *Le Devoir* et *Le Monde* en français tend à confirmer cette observation. En effet, si, dans les sources francophones, l'expression **base(s) de données** est environ deux fois plus fréquente que **banque(s) de données** (204 contre 119 occurrences), *data base(s)* est près de quarante fois plus fréquent que *data bank(s)* dans les journaux anglophones (1 336 contre 35 occurrences)[35].

Ainsi, dans un texte non spécialisé, le traducteur féru de liberté et d'idiomaticité conservera le droit de traduire *data base* par **banque de données** si le contexte s'y prête.

Mieux encore, en observant les textes produits en français et non traduits, par exemple dans l'administration québécoise, il remarquera qu'un autre terme, encore plus court et certainement aussi naturel, est couramment utilisé :

> **La Régie du bâtiment du Québec met à votre disposition le <u>fichier</u> des entrepreneurs titulaires d'une licence en vigueur, que nous vous invitons à consulter selon les modalités de recherche suivantes[36].**
>
> **[Le] <u>Fichier</u> des autorités publiques [...] contient les informations sur les ministères, organismes, entreprises, groupements et personnes morales de droit public[37].**

---

[35] Recherches faites au moyen de Google en novembre 2004. Si l'on ne restreint la recherche à aucun site en particulier, on arrive aux chiffres de 9 et 30 au lieu de 2 et 40. C'est un écart un peu moins imposant, mais il faut tenir compte ici de l'immense influence de l'anglais dans les textes français d'un tel corpus non filtré, la plupart étant sans doute des traductions. Et même dans ce cas, l'écart est amplement suffisant pour être considéré comme concluant.

[36] Régie du bâtiment du Québec, www.rbq.gouv.qc.ca.

[37] Registraire des entreprises, www.req.gouv.qc.ca.

Ainsi, bien que dans tous les cas suivants, l'utilisation de l'expression **base de données** ne soit pas fautive, le traducteur serait également justifié, par souci d'idiomaticité ou de variété, d'utiliser une des deux autres solutions.

> *The necessary data are not readily available from any existing data base, nor can they be easily generated.*
> **Les données nécessaires ne se trouvent telles quelles dans aucune banque de données, et il ne serait pas facile de les produire.**

> *We appreciate the considerable progress made in developing a data base containing the sources of technical assistance for smaller economies.*
> **Nous apprécions les progrès considérables réalisés dans la mise sur pied d'une banque de données répertoriant les sources d'aide technique pour les économies de faible envergure.**

> *Library staff will search these data bases on behalf of clients.*
> **Le personnel de la bibliothèque interroge ces fichiers pour les clients.**

> *We'd like to have access to XYZ's client data base as it is difficult to prepare background information without this information.*
> **Nous aimerions avoir accès au fichier des clients d'XYZ, car il est difficile de préparer l'historique d'un dossier sans les renseignements qui s'y trouvent.**

> *Prior to 1997, only data bases at Human Resources Development Canada were being searched for the tracing of payors owing maintenance arrears.*
> **Avant 1997, seuls les fichiers de Développement des ressources humaines Canada étaient interrogés pour la recherche des débiteurs de pensions alimentaires en défaut.**

En revanche, dans un texte d'informatique, on fera bien de conserver le parallélisme gentiment établi par les organismes de normalisation, même si l'on peut soupçonner que les rédacteurs anglophones, par habitude ou négligence, utilisent souvent *data base* au sens de *data bank*.

> *It is challenging to find someone who is bilingual and has data base skills at the salary level we are currently offering.*
> **Il est difficile de trouver une personne bilingue qui connaît bien les bases de données avec le salaire que nous offrons.**

> *Mr. Smith is a data base manager.*
> **M. Smith est gestionnaire de bases de données.**

➢ *DEAR*

Les guides de rédaction regorgent de mises en garde contre l'utilisation du mot **cher** dans un appel de lettre. Il est vrai que, dans la correspondance commerciale, on commence normalement une lettre par **Monsieur** ou **Madame** et non par « Cher Monsieur », et encore moins par « Cher Monsieur Gagnon ».

De même, il faut mettre sur le compte des usages anglo-saxons difficilement importables les appels de lettre « personnalisés » commençant par « Cher Jean-Pierre » de la part d'une entreprise qui sollicite votre clientèle en envoyant la même lettre type à des milliers d'autres clients éventuels.

Par ailleurs, il est généralement entendu que **Cher ami** ou **Cher collègue** peuvent convenir si l'auteur de la lettre s'adresse à une personne connue « avec qui [il] a des relations suivies[38] ».

Encore faut-il définir ce qu'on entend par « relations suivies ». Comment, par exemple, doit-on introduire une lettre adressée par un organisme sans but lucratif à ses membres et commençant par *Dear Member* ou *Dear Supporter*? Ici, le ton amical est de mise, et un simple **Monsieur, Madame** semble beaucoup trop sec. Que faire?

Commençons par prendre acte d'une lettre d'Alain Juppé, alors maire de Bordeaux, montrée au *Journal de France 2* diffusé à RDI le 20 octobre 2004. Bien que la lettre se fût bien évidemment trouvée là pour d'autres motifs, l'œil affûté du traducteur aura remarqué qu'elle commençait par **Cher militant, chère militante**. Cette première pièce à conviction laisse croire que le fait de commencer une lettre par **cher** dans un cadre qui se veut informel est tout à fait conforme au génie français... et que la notion de « relations suivies » pourrait être passablement extensible.

Il ne faudrait pas en déduire cependant que le mot **cher** puisse être accolé à n'importe quel nom ou groupe nominal, comme on le fait systématiquement en anglais. Par exemple, l'expression **Cher donateur** pour introduire une lettre semble peu subtile.

À cet égard, l'expression **Cher ami, chère amie**, dans un sens disons générique, pourrait servir de passe-partout. En effet, il ne faut pas oublier que le mot **ami** n'a pas uniquement en français un sens affectif prononcé. Dans le TLF, on note entre autres qu'il peut dénoter un « attachement [ayant] pour objet des personnes

[38] André CLAS et Paul A. HORGUELIN, *Le français, langue des affaires*, Montréal, McGraw-Hill, 1969, p. 253.

fréquentées dans les relations mondaines » ou un « attachement [...] de nature politique, idéologique, etc. ».

Dans une lettre adressée à Robert Auclair, président de l'Association des usagers de la langue française[39], le 22 février 1995, le regretté linguiste belge Pierre Collinge, professeur de l'Université de Sherbrooke à la retraite, concluait en ces termes :

> Depuis que les manuels d'anglicismes nous ont mis en garde – avec raison – contre l'usage du « cher Monsieur » adressé à tort et à travers à n'importe quel inconnu, l'adjectif **cher** a été complètement banni des bureaux de secrétaires. Si bien que les professeurs de mon département et moi-même recevions couramment en provenance d'autres facultés ou du rectorat des lettres commençant par un simple **Monsieur** au lieu du **cher Collègue**, qui s'impose manifestement lorsqu'on a la moindre notion de savoir-vivre...

Dans la même missive, Pierre Collinge s'attarde au cas particulier de **Cher membre :**

> Selon mon sentiment, le mot **membre** appartient au langage didactique, technique ou administratif au sens le plus étroit et déshumanisé du terme. Son sens fondamental, biologique et mécanique, reste toujours présent à l'esprit et s'accommode sans doute fort bien d'un contexte où les membres d'un groupement sont envisagés dans leur rôle purement fonctionnel d'*organes* faisant partie d'un ensemble structuré. Mais je suis vexé quand on s'adresse à moi en me considérant uniquement sous cet angle... [...]
>
> En définitive, je crois que le mot **membre** ne peut s'utiliser avec bon goût que dans des avis administratifs commençant par une expression du type **Avis à tous les membres de...** [...] Autrement dit, le mot ne devrait jamais être utilisé dans la formule d'appel d'une véritable lettre.

Pierre Collinge souligne par ailleurs que « les solutions de rechange [...] ne manquent pas » :

> On peut d'abord presque toujours utiliser le mot **ami** qu'utilise la Biennale de la langue française.
>
> Quand on s'adresse aux membres d'une association ou d'une société, il s'impose de dire **chers sociétaires** ou **chers associés**. **Sociétaire** est

[39] Aujourd'hui Association pour le soutien et l'usage de la langue française (ASULF). L'auteur sait gré à Robert Auclair de lui avoir fourni copie de cette lettre.

> préférable quand il s'agit d'une association sans but lucratif, d'une mutuelle, etc.; **associé** se rapporte aux sociétés commerciales. [...]
>
> Quand on veut vraiment mentionner le nom du groupement, il n'est jamais nécessaire de commencer une lettre par **cher membre du groupe XYZ**. On peut toujours dire **cher associé du groupe XYZ**.
>
> Entre personnes appartenant à un même ordre professionnel, on dit évidemment **chers Confrères, chères Consœurs**. [...]
>
> Si l'on veut s'adresser à tout le personnel d'une entreprise ou d'un organisme, au lieu de dire **chers membres du personnel de la Cie XYZ**, on peut très bien dire, selon le cas **chers amis et collaborateurs**, **chers collègues et amis**, **chers camarades et collaborateurs**, **chers camarades de travail**, etc.

Le lecteur dérangé par l'utilisation anarchique des majuscules observée ci-dessus pourra prendre comme règle que la majuscule ne s'emploie qu'avec un titre de civilité (madame, monsieur) ou de fonction (directeur, présidente, ministre, etc.). On aura donc **Madame la Ministre** mais **Cher collègue et ami**[40].

Pour aller un peu plus loin, on pourrait aussi faire preuve d'audace et profiter pleinement des ressources particulières du français en commençant tout bonnement la lettre qui se veut amicale par **Bonjour!** En effet, on remarquera qu'un tel appel paraîtrait dans certains cas tout à fait naturel en français et serait difficilement traduisible tel quel en anglais (ni *Hello!* ni *Hi!* ni *Good Day!* n'auraient le même effet), ce qui en confirme le caractère idiomatique. En outre, son caractère « épicène », pour ainsi dire, n'est certes pas à dédaigner.

Puisque, comme nous le disions plus haut, l'épistolier anglais prend plaisir à accoler le mot *Dear* à tout ce qui bouge ou donne l'espoir de pouvoir le faire, c'est au traducteur qu'il appartiendra encore une fois d'exercer son jugement au cas par cas. Étant entendu que **Cher participant au Programme de stages** manque un peu de contenance et que **Cher titulaire de licence** ne brille pas par son élégance, il restera au traducteur à déterminer en connaissance de cause, compte tenu du contexte et du client, s'il vaut mieux rendre des appels comme *Dear Internship Program Participant* ou *Dear Licensee* par le traditionnel **Monsieur/Madame**, par une des solutions proposées par Pierre Collinge ou par un simple et amical **Bonjour!**

[40] Sans y être énoncée explicitement, cette règle se déduit des exemples présentés dans André CLAS et Paul A. HORGUELIN, *Le français, langue des affaires*, Montréal, McGraw-Hill, 1969, p. 253.

➢ *DETAIL*

a) Le substantif (*DETAIL*)

Selon le CALD, *detail* a trois sens en anglais. Deux de ces sens recoupent un des sens de **détail** en français :

> *The small features of something that you only notice when you look carefully.*
> *An unimportant part of something.*

À ces deux définitions correspond donc grosso modo la définition suivante du *Petit Robert* :

> Élément non essentiel (d'un ensemble); circonstance particulière.

Prenons le temps de rappeler aussi un autre sens courant en français, très voisin, mais distinct des précédents, toujours tiré du *Petit Robert* :

> Action de considérer un ensemble dans ses éléments, un événement dans ses particularités. **Relation d'un fait avec le détail des circonstances.** [...] **Faire le détail d'un inventaire, d'un compte.** « Pour bien savoir les choses, il faut en savoir le détail » (La Rochefoucauld). – Les éléments. **Se perdre dans le détail.** [...] **Sans entrer dans le détail.**

Ce dernier sens, précisons-le, comporte une connotation d'*analyse*, par opposition à la synthèse : **Faire le détail d'un inventaire.**

Maintenant, quel est le sens anglais étranger à tout ce qui précède? Il s'agit en fait du premier sens du mot *detail*, si l'on se fie à la construction de l'article dans le CALD :

> *A single piece of information or fact about something.*

Ce sens est suffisamment rapproché des autres pour que le traducteur non vigilant ne remarque pas la différence. D'ailleurs, des trois exemples présentés par le CALD pour l'illustrer, seul le troisième se démarque vraiment :

> *She insisted on telling me every single* detail *of what they did to her in hospital. –We don't know the full/precise* details *of the story yet. – She refused to disclose/divulge any* details *about/of the plan*.*

La différence, ici, c'est que le mot *detail* ne désigne pas un « élément non essentiel » ni l'ensemble des éléments d'un tout. Il indique tout simplement un fait, un renseignement, sans égard à son importance, et peu importe le degré de détail.

Voici un contexte éloquent :

> *A covering memo will be attached from the Head of the Branch, outlining details of the Motion.*
> **Le chef de la Direction signe une note d'accompagnement expliquant la teneur de la requête.**

Puisqu'il s'agit d'une note d'accompagnement, il est évident que la note ne fait pas le « détail » de la requête en question; au contraire, elle en fait plutôt le sommaire! Pour connaître les détails, le destinataire devra justement lire la requête elle-même.

Autre exemple intéressant :

> *Details of the radio station's campaign to invite him to Ottawa were forwarded to the rock star by his tour promoter.*
> **C'est par le promoteur de sa tournée que la vedette rock a appris l'existence de cette campagne de la station de radio visant à le faire venir à Ottawa.**

Dans le même ordre d'idées, on voit souvent, au bas des publicités, une petite note disant *Ask for details*. Sachant que le mot anglais n'a pas exactement la même extension de sens qu'en français, il est plus facile au traducteur d'éviter une formule lourde comme « Demandez-nous les détails » pour s'en remettre à quelque chose de plus léger, plus idiomatique (et peut-être même plus exact), comme **Informez-vous!**

Ask for details	**Informez-vous!**
For more details	**Pour en savoir plus**
For more details	**Pour de plus amples renseignements**
For details	**Pour renseignements**
For details:...	**Renseignements : ...**
For more details on the schedule...	**Pour connaître le calendrier...**
For registration details...	**Pour savoir comment s'inscrire...**

Il y a des cas où le sens de **détail** ne serait pas fautif, mais où il demeure tout de même inutile, étant englobé dans un autre mot du contexte :

> *Where the Board is not satisfied that an insurer has filed all the matters referred to in this section, or requires additional details or information, it may require the additional information and details.*
> **Si l'Office estime qu'un assureur n'a pas déclaré tous les renseignements dont fait état le présent article, ou s'il a besoin de renseignements supplémentaires, l'Office peut lui demander les renseignements supplémentaires dont il a besoin.**

We are still working out the details of what the criteria should be for CCI partners and what our projects should look like.
Nous sommes encore en train d'élaborer les critères à appliquer aux partenaires de CCI et les particularités de nos projets.

Il y a évidemment aussi des cas où le sens français du mot **détail** s'impose, bien qu'un synonyme puisse parfois faire l'affaire :

On the whole, the development agenda is indisputably known and only the details need attention.
Dans l'ensemble, le programme de développement est bien connu et il ne reste qu'à régler les détails.

Hence the involvement of male employees and managers in decision making about the complex details of pay equity implementation might be expected to result in some manipulation of rules and technical details, as the research cited above has demonstrated.
Aussi peut-on s'attendre à ce que la participation de salariés et de cadres de sexe masculin aux prises de décision concernant les détails complexes de l'équité salariale donne lieu à une réinterprétation des règles et des particularités techniques, comme l'étude citée ci-dessus l'a montré.

Voyons enfin d'autres traductions possibles, selon les contextes :

See reverse for details from the Coffee Drinking Study, 2003.
Voir au verso les résultats de la Coffee Drinking Study de 2003.

Karen points out that some details are missing in the Strategic Plan.
Karen fait remarquer que certains éléments manquent au plan stratégique.

Please attach a statement providing details.
Prière de joindre une note d'explication.

b) LE VERBE (*TO DETAIL*)

Le verbe *to detail* suit généralement le sens français; cependant, le verbe **détailler** convient rarement pour le traduire. Voici quelques exemples.

Please provide a plan detailing activities to be undertaken to support the attainment of project objectives.
Prière de fournir un plan présentant en détail les activités à mener pour atteindre les objectifs du projet.

An email detailing Québec's concerns will be sent by G. Asselin on this issue.
G. Asselin expliquera en détail les préoccupations du Québec dans un message électronique.

The Code lays out principles of development and details ethical standards for governance, finances and human resources.
Le Code énonce les principes du développement et traite dans le détail des normes éthiques relatives à la gestion, aux finances et aux ressources humaines.

Mrs. Ouimet forwarded a four-page letter to M. Willis detailing her concerns.
Mme Ouimet a fait part de ses préoccupations à M. Willis dans une lettre de quatre pages.

In the event of termination of this Agreement, the Province will be required to submit a final progress report detailing any remaining funds owning for work performed up to the date of termination.
Advenant la résiliation du présent accord, la province est tenue de présenter un rapport final faisant état des sommes exigibles pour le travail exécuté jusqu'à la date de la résiliation.

These initiatives are detailed in our policy note.
Ces initiatives sont décrites dans notre prise de position.

Remarquons que, dans les trois derniers cas, on aurait toujours pu ajouter **en détail** encore une fois, mais cette locution aurait alourdi inutilement la phrase. En effet, le contexte de ces énoncés et l'analyse qui ouvre le présent article nous laissent croire que l'idée de « détail », au sens français, n'est pas nécessairement présente dans la phrase anglaise.

c) L'ADJECTIF (*DETAILED*)

Quant à l'adjectif *detailed*, c'est lui qui se rend le plus facilement et le plus fréquemment par **détaillé**. Les nombreux synonymes ne sont toutefois pas à dédaigner :

A detailed agenda will be forwarded to registrants.
Un programme détaillé sera envoyé aux personnes qui s'inscrivent.

You must submit a detailed budget including the amount being requested from the Department, other sources of revenue, and a detailed estimate of expenditures.
Vous devez présenter un budget circonstancié comprenant la somme demandée au Ministère, les autres sources de recettes et une estimation détaillée des dépenses.

Tim T. undertook a detailed review of the manuscript.
Tim T. a minutieusement relu le manuscrit.

Based on detailed disbursements for 2002/03…
Selon le détail des décaissements pour 2002-2003…

This Plan was subject to detailed consultations earlier this year.
Le plan a fait l'objet de consultations approfondies cette année.

Reports and media releases must be based on detailed knowledge of the subject.
Les rapports et les communiqués doivent s'appuyer sur une connaissance parfaite du sujet.

You can find a more detailed brief on our Web site.
Vous trouverez un document d'information plus complet dans notre site Web.

➢ *DISCUSSION, DISCUSS*

Ces mots peuvent être trompeurs. Qu'il suffise de rappeler que les trois grandes parties d'un rapport scientifique, en anglais, sont appelées *introduction*, *discussion* et *conclusion*. On voit tout de suite que *discussion* en anglais a un champ sémantique plus vaste que **discussion** en français. Le piège est assez évident en l'occurrence, mais il y a de nombreux contextes où il saute moins aux yeux et où le traducteur se doit donc de demeurer vigilant.

a) Observations préliminaires sur le sens de **discussion** en français

En français, une **discussion** se passe normalement entre au moins deux personnes. *Le Petit Robert* définit certes **discussion** comme l'« action de discuter, d'examiner (qqch.), *seul ou avec d'autres*, en confrontant les opinions* », mais il reste une idée évidente de débat. D'ailleurs, la définition du TLF à ce propos laisse songeur :

> Action de discuter, d'examiner en faisant preuve d'esprit critique; p. méton. débat au cours duquel *un ou plusieurs interlocuteurs échangent des arguments* contradictoires sur une question*. »

On peut se demander comment « un » interlocuteur, tout seul, peut « échanger des arguments » (et même comment il peut être appelé « interlocuteur »…). Ce qu'on peut en conclure, c'est que, à la limite, on peut toujours tenir une discussion tout seul, mais que l'auteur d'une discussion en soliloque se dédouble en quelque sorte; plus qu'une simple analyse, il présentera un véritable « débat » (*dixit* la même définition) dans lequel il représentera les deux parties à la fois.

b) Sens anglais d'« analyse » et traductions correspondantes

Comme on l'a vu en introduction et comme l'illustrent les exemples suivants, le mot anglais *discussion* a toutefois une extension plus large.

> *A thorough discussion of the Speech from the Throne can be found in a background paper prepared for the Council.*
> **On trouvera une analyse approfondie du discours du Trône dans un document de réflexion rédigé pour le Conseil.**

> *Issues currently under discussion by the Working Group include the compensation scheme.*
> **Le régime d'indemnisation fait partie des questions étudiées actuellement par le groupe de travail.**

> *Discussion of these issues during the consultations apparently influenced CIDA thinking.*
> **Il semble que les idées émises pendant les consultations aient influencé l'ACDI.**

Ainsi, quand le mot *discussion* constitue un titre de rubrique, c'est le mot **analyse** qui convient le mieux.

> *Discussion/Recommendations*
> **Analyse et recommandations**

> *Discussion/Summary of Findings*
> **Analyse et résumé des résultats**

La distinction est encore plus évidente dans le cas du verbe : en français, un auteur ne *discute* pas d'un sujet, il en *traite*. Voici deux exemples, ainsi que d'autres équivalences possibles :

> *Each of these impacts is discussed briefly below.*
> **Nous traiterons brièvement de chacun de ces effets dans les pages qui suivent.**

There have been no Canadian decisions discussing the principle of loyalty in this context.
Aucune décision judiciaire canadienne ne traite du principe de loyauté dans ce contexte.

As discussed in the last chapter, poverty levels are still increasing in some countries.
Comme on l'a vu dans le dernier chapitre, la pauvreté continue de progresser dans certains pays.

Diaspora members could play a bigger role as the changes discussed in chapter 3 begin to take hold.
Les membres de la diaspora pourraient jouer un rôle plus important lorsque les changements évoqués au chapitre 3 commenceront à prendre forme.

How to determine if a plan is acceptable is discussed in a later section.
On examinera dans une autre section la façon de déterminer si un régime est acceptable.

Il arrive – et c'est ici que le traducteur doit se montrer vigilant – que le verbe *to discuss* revête encore ce sens même quand le sujet est collectif (ce qui rendrait plus plausible, à première vue, l'idée de « discuter »). Il s'agira alors de voir si on parle vraiment d'une *discussion* entre les membres du groupe ou plutôt d'un simple *examen* de la question, comme dans les cas précédents.

The Application will then be placed on the "B" List for discussion by all the members at the monthly meeting.
La demande est alors inscrite sur la liste B pour être examinée à la réunion mensuelle.

The Working Group discussed potential reforms to address impaired driving offences.
Le groupe de travail s'est penché sur les réformes possibles concernant les infractions de conduite avec facultés affaiblies.

The Working Group on procurement has been discussing the terms of a possible multilateral agreement on transparency since 1996.
Le Groupe de travail sur l'approvisionnement s'intéresse aux conditions d'une éventuelle entente multilatérale sur la transparence depuis 1996.

You are invited to a conference to be held at XYZ University. A wide range of issues will be discussed, including urban development in Latin America.
Vous êtes invité à un colloque qui aura lieu à l'Université XYZ. Les communications porteront sur une vaste gamme de sujets, y compris l'aménagement urbain en Amérique latine.

c) Sens d'« échanges entre interlocuteurs » : **DISCUSSION, ÉCHANGES, DÉLIBÉRATIONS, POURPARLERS**

Lorsque le mot anglais *discussion* désigne véritablement des échanges entre plusieurs personnes, son équivalent français **discussion** convient, mais, selon le cas, on pourra aussi utiliser les mots **échanges**, **délibérations** (s'il s'agit d'échanges ayant lieu au sein d'un même organisme décisionnel), **pourparlers** (s'il s'agit d'échanges apparentés à une négociation), voire **débat** (nous reviendrons plus loin sur ce dernier mot).

The workshop includes small group discussions.
L'atelier comprend des discussions en sous-groupes.

There was considerable discussion about geographic and sectorial concentration.
On a longtemps discuté de la concentration géographique et sectorielle.

Participants were particularly enthusiastic about the case study work and follow up discussion.
Les participants ont particulièrement aimé les études de cas et les échanges qui ont suivi.

There should be more ongoing discussions via teleconferences, written communications.
Il faut multiplier les échanges permanents par conférence téléphonique et par correspondance écrite.

We will have to monitor the evolution of OECD discussions on trade policies.
Il faudra surveiller les délibérations de l'OCDE au sujet des politiques commerciales.

Information sharing agreements are being addressed through ongoing discussions with our federal and provincial partners.
Nous sommes en pourparlers avec nos partenaires fédéraux et provinciaux au sujet d'ententes sur le partage de l'information.

d) DÉBAT

Nous avons dit plus haut que le mot *discussion* pouvait se traduire par **débat**. De prime abord, on pourrait croire que ce dernier mot a une connotation d'« affrontement » absente du mot *discussion*, en anglais, et de son homographe français. D'ailleurs, le mot *debate* n'existe-t-il pas en anglais?

Or, si l'on compare **débat** et *debate*, il semble que ce soit cette fois le mot français qui ait l'extension la plus vaste. En effet, le CALD donne la définition suivante de *debate* : « Serious *discussion of a subject in which many people take part**. »

Il semble bien ici que le *debate* soit un cas spécifique de *discussion*, un cas où les échanges sont « sérieux ». La définition du verbe *to debate* vient confirmer ce trait sémantique : « *To discuss a subject* in a formal way*. »

La définition du *Petit Robert* ne semble pas aussi restrictive : « Action de débattre une question, de la discuter. »

Chose certaine, le mot **débat** est plus souvent utilisé en français que le mot *debate* en anglais[41]. On peut attribuer cet écart de fréquence, justement, à cette différence de sens; par ailleurs, on pourrait aussi soupçonner que le mot **débat** peut souvent revêtir en français une connotation positive que *debate* n'a pas nécessairement en anglais, ce qui inciterait les anglophones à privilégier plutôt *discussion*, plus ou moins par euphémisme. Pensons à cette lettre au *Devoir* dont l'auteur réclame « un forum pour ouvrir le *débat* sur l'avenir[42]* » ou à cette autre, intitulée « Pour un vrai *débat* sur le développement humain[43]* ». Le mot **débat** évoque ici certainement la volonté de confronter des idées, mais il est présenté dans un sens résolument constructif et désirable. On peut supposer

[41] Il serait difficile de prouver cette affirmation sans de fastidieuses recherches. On peut cependant en démontrer le bien-fondé, *prima facie*, par un moyen détourné. En effet, une recherche empirique effectuée dans les sites Web du *Devoir* et de Cyberpresse en français, et du *New York Times* et du *Globe and Mail* en anglais, a permis de constater que la fréquence d'occurrences du mot *debate(s)* est à peu près équivalente à celle du mot *discussion(s)* dans les deux journaux anglophones, alors que dans les deux journaux francophones, le mot **débat(s)** est utilisé cinq fois plus souvent que le mot **discussion(s)**. Cette dernière observation tend à être confirmée par une étude plus systématique de Jean Véronis (Université de Provence) portant sur la fréquence relative des mots dans le CD-ROM du *Monde diplomatique* (1987-1997), qui révèle que le mot **débat(s)** y est environ quatre fois plus fréquent que le mot **discussion(s)** [http://www.up.univ-mrs.fr/~veronis/donnees/index.html]. Malheureusement, il s'est avéré impossible de trouver des chiffres correspondants pour un corpus journalistique en anglais.

[42] Lorraine GUAY et Diane LAMOUREUX, « Un forum pour ouvrir le débat sur l'avenir », *Le Devoir*, 4 octobre 2004.

[43] Francis GAGNON, « Pour un vrai débat sur le développement humain », *Le Devoir*, 29 juillet 2004.

que *debate*, en anglais, ne serait pas utilisé aussi naturellement dans ces contextes.

Voici quelques cas où le mot *discussion* pourrait avantageusement être traduit par **débat** :

> *The government should develop a systematic approach to engage the public in ongoing policy discussion about international issues.*
> **Le gouvernement doit adopter une approche systématique visant à faire participer le public à un débat de fond permanent concernant les enjeux internationaux.**

> *Canada should reinvigorate discussion to create an Economic and Social Security Council.*
> **Le Canada devrait ranimer le débat visant la création d'un Conseil de la sécurité économique et sociale.**

> *Sometimes the discussions became quite passionate, and at other times, humour was used.*
> **Les débats ont été houleux par moments, mais l'humour a aussi été de la partie.**

Et enfin, voici un exemple où l'équivalence entre *discussion* et **débat** semble s'imposer.

> *"This is not a theoretical discussion," said one panelist.*
> **« Ce n'est pas un débat théorique », a déclaré un participant de la table ronde.**

e) *DISCUSSION PAPER*

Avant de terminer, on ne saurait passer sous silence l'omniprésent *discussion paper* (ou *discussion document*), souvent rendu en français par **document de travail**, mais qu'on pourrait aussi appeler dans certains cas **avant-projet**.

➢ *DOCUMENT, DOCUMENTATION* 1

En français, on peut documenter un article (FBul), une thèse (PRob), un livre ou un travail (TLF), c'est-à-dire « [l']appuyer, [l']étayer par des documents » (TLF). Le TLF souligne que cet usage est « rare ».

a) DANS LE DOMAINE DE L'INFORMATIQUE

Depuis quelques années, un nouveau sens fait son chemin dans le domaine de l'informatique : « Fournir des informations sur le fonctionnement d'un programme [...] à l'intention de l'utilisateur final[44]. » C'est ainsi qu'on dira : « Cette fonction n'est pas encore documentée. » Le seul ouvrage digne de foi reconnaissant ce sens est *Termium*, sans autre source que le nom d'un terminologue. Ce sens ne se trouve dans aucun grand dictionnaire de langue, y compris le Multi et le *Grand Dictionnaire terminologique* de l'OQLF (GDT).

On voit tout de suite le changement de paradigme : on « documente » dorénavant le *contenu*, et non le *contenant*. L'avenir nous dira si les ouvrages normatifs retiendront tôt ou tard ce nouveau sens. Le traducteur prudent voudra sans doute s'en remettre aux autres solutions :

> *Is this feature documented?*
> **Cette fonction est-elle expliquée/décrite/présentée dans la documentation?**

> *It's a pleasure to see that a software company has produced a well-documented program, unlike most others I've seen.*
> **C'est un plaisir de voir une entreprise qui prend la peine de fournir une bonne documentation avec son logiciel, ce que j'ai rarement vu.**

> *Documenting a network takes time and I don't have the time.*
> **Produire/Rédiger la documentation portant sur un réseau demande du temps, et je n'ai pas de temps.**

b) DANS LA LANGUE GÉNÉRALE

Quoi qu'il en soit, le même sens est aussi utilisé en anglais hors du domaine de l'informatique et, dans ce cas, il vaut certainement mieux s'en tenir aux autres traductions possibles, qui sont nombreuses.

> *Since many of the issues are controversial, it is important that basic facts and analytical exercises be systematically documented.*
> **Puisqu'un grand nombre des dossiers sont controversés, il importe de consigner les faits et les analyses systématiquement.**

> *The question of the insurance company liability has not become a big issue in any of our documented cases.*
> **La question de la responsabilité des compagnies d'assurances n'a jamais posé un grand problème dans les cas consignés dans nos dossiers.**

[44] *Le Jargon français* (lexique informatique), http://www.linux-france.org/prj/jargonf/index.html, consulté le 17 octobre 2004.

Does the Centre have a formal, documented process that conforms to Treasury Board policy?
Le Centre s'est-il doté d'une méthode officielle et écrite conforme à la politique du Conseil du Trésor?

It is well documented that the entry into the market of competition from generic drug suppliers precipitates dramatic price drops.
Il a été prouvé que l'entrée sur le marché de fournisseurs de médicaments génériques entraîne une chute brutale des prix.

Child labour on cocoa farms has also been an issue, particularly in Ivory Coast where forced labour of children has been documented.
Le travail des enfants pose aussi un problème, en particulier en Côte-d'Ivoire, où des cas de travail forcé ont été confirmés/attestés.

The destabilizing impact of this policy on agriculture prices has been well documented.
L'effet déstabilisant de cette politique sur les prix agricoles n'est plus à démontrer.

Are these meetings well documented?
Ces réunions font-elles l'objet de comptes rendus en bonne et due forme?

Human rights groups in Colombia are documenting 20 killings or forced disappearances per day.
Les groupes de défense des droits de la personne font état d'une vingtaine de meurtres ou de disparitions par jour.

The auditors had first to understand the Service Delivery Model documented in the contribution agreement.
Les vérificateurs ont d'abord dû se familiariser avec le modèle de prestation de services décrit dans l'entente de contribution.

This report documents the negative impact of the anti-terrorism agenda on civil liberties.
Ce rapport décrit les effets néfastes des mesures antiterroristes sur les libertés civiles.

Between 1998 and 2001, more than 150 attacks were documented, including phone calls, spying, death threats and assassinations.
De 1998 à 2001, plus de 150 attaques ont été répertoriées : appels téléphoniques, espionnage, menaces de mort et même assassinats.

Our NGO partners in Bolivia and Nicaragua have documented the absence of authentic consultations with poor people and their organizations.
Nos ONG partenaires présentes en Bolivie et au Nicaragua témoignent de l'absence de consultation authentique des pauvres et de leurs organismes.

The media provides a window for Canadians onto the world, documenting and commenting on world events.
Les médias offrent aux Canadiens une fenêtre sur le monde en exposant et en commentant les événements qui se déroulent sur la planète.

The two main processes for estimating the value of jobs have been pay setting and the use of more formal procedures for documenting work and establishing a hierarchy.
Les deux principaux processus d'évaluation de la valeur des emplois sont la fixation de la rémunération et l'utilisation de procédures plus formelles pour définir le travail et établir une hiérarchie.

c) Consignation

Malgré la variété des équivalents proposés ci-dessus, précisons qu'en pratique, le verbe **consigner** est celui qui convient le plus souvent. Or, la forme substantive de ce mot appelle une mise en garde. En effet, selon *Le Petit Robert*, le mot **consignation** ne désigne pas l'action de **consigner** dans le sens de « mettre par écrit ». Il n'a que le sens juridico-commercial de « dépôt » ou de « cautionnement ». Le TLF, par contre, atteste le sens de **consignation** qui nous intéresse : « Action de mettre par écrit, de consigner; écriture, note. » Ce sens est également attesté dans le *Grand Robert* (GRob), mais avec la mention « rare ». Faut-il s'arrêter à cette marque? Le mot mérite-t-il une plus grande diffusion? Chose certaine, les risques d'ambiguïté avec le sens indiqué dans *Le Petit Robert* sont minces, ce qui pourrait encourager le traducteur aux abois à l'utiliser, d'autant plus que les solutions de rechange, cette fois, ne pleuvent guère. En voici trois, malgré tout :

Before commencing with the pay equity process, a standard should be agreed on for rigorous documentation of all matters relating to this process.
Avant d'entamer la démarche d'équité salariale, il faut convenir d'une norme sur la manière de consigner de façon rigoureuse tous les aspects du processus.

The documentation of HR system practices is expected to lead to improvements in the use of the HR system.
La mise par écrit des pratiques relatives au système des RH devrait entraîner des améliorations dans l'utilisation de ce système.

It is helpful to have documentation of a statistical nature to support your observations.
Il est utile d'avoir en main des données statistiques pour étayer vos observations.

Pour conclure, signalons qu'il est possible que le mot *documentation* fasse référence non seulement à l'idée de « consigner », mais aussi à celle de « justifier » (par exemple une décision). Dans ce cas, il vaut sans doute mieux utiliser carrément les deux mots en français :

Areas to be addressed range from the need for criteria for documenting decisions, to improving access to information.
Les mesures à prendre vont de l'adoption de critères pour la consignation et la justification des décisions à l'amélioration de l'accès à l'information.

➢ *DOCUMENTATION 2*

Le terme anglais *documentation* se traduit certes souvent par **documentation**, mais il ne faut pas oublier que ce mot français a des sens bien précis qui ne sont pas pertinents dans tous les cas. *Le Petit Robert* donne trois grands sens au mot **documentation** :

1° Recherche de documents pour appuyer une étude. **Travail, fiches de documentation.** [...]
2° Ensemble de documents relatifs à une question. **Réunir de la documentation sur un sujet.** [...]
3° Activité de documentaliste.

Le troisième sens ne nous intéresse pas ici. Les deux premiers peuvent se traduire par *documentation* en anglais, mais les rédacteurs utilisent plutôt souvent *information* ou *literature.*

En fait, le mot *documentation* est souvent utilisé par les rédacteurs anglophones comme une sorte de pluriel du mot *document.* Dans ce cas, la plupart du temps, le mot français **documentation** n'est pas approprié.

If a file does not contain the required documentation, the auditors will explain what they are seeking and request whether such documentation exists, and where.
Si un dossier ne contient pas les pièces voulues, les vérificateurs expliquent ce qu'ils cherchent et demandent si ces documents existent et où ils se trouvent.

Workers shall have the option to leave employment and the employer shall facilitate such departure by providing all the necessary documentation and assistance.
Les travailleurs doivent avoir la liberté de quitter leur emploi et l'employeur doit faciliter leur départ en leur fournissant tous les documents et l'aide nécessaires.

The audit team has reviewed the contract documentation.
L'équipe de vérification a pris connaissance des documents contractuels.

The application must include the following documentation: [...]
La demande doit être accompagnée des documents suivants : [...].

➢ *DRAFT*

Il est difficile d'imaginer qu'un document en français puisse être officiellement étiqueté comme une « ébauche ». Ainsi, un auteur pourra écrire :

Je vous envoie mon document; ce n'est encore qu'une ébauche.
Sébastien Tremblay enverra une ébauche à Louis Gilbert.

Il s'agit alors d'un document où l'on ne trouve que les grandes lignes. Mais un rédacteur francophone n'aura pas tendance à écrire « ébauche » dans l'en-tête ou sur la page couverture d'un document ou d'un procès-verbal (surtout dans les situations où le traducteur reçoit le document, qui est alors par définition sous une forme relativement avancée, et souvent presque définitive). Dans ce cas, on écrira plutôt **version préliminaire**, **version non définitive** ou **version provisoire**.

Le mot *draft* paraissant en filigrane sur une page, ou répété dans un en-tête, pourrait facilement se rendre par le simple adjectif **provisoire**, tout comme on utilise en d'autres circonstances des adjectifs tels **confidentiel** ou **secret**.

Si le mot *draft* est numéroté, le mot **version**, suivi du numéro, suffit :

Draft #4	**Version 4**

Dans les syntagmes, le mot **projet** est souvent le plus idiomatique. Exemples :

draft policy	**projet de politique**
draft agreement	**projet d'entente**
draft guidelines	**projet de lignes directrices**

Les adjectifs **préliminaire** et **provisoire** peuvent aussi accompagner d'autres noms que **document** :

draft text	**texte préliminaire**
draft plan	**plan préliminaire**

Dans un contexte de négociations, on pourrait traduire *draft texts* par **textes à l'étude**.

➢ *DRUGS*

a) SINGULIER OU PLURIEL?

On sait que le mot anglais *drugs* peut désigner aussi bien des médicaments que de la drogue. On remarque cependant que, dans le second cas, les anglophones utilisent à peu près toujours le mot au pluriel.

Ainsi, dans le CALD, le mot *drug* au sens médical est traité comme un *count noun* dans les exemples d'utilisation : *a prescription drug, He takes several drugs for his condition.* Dans le sens de « substance illégale », on ne pourrait aller jusqu'à dire que *drug* est considéré comme un *uncount noun*, mais il faut noter qu'il est systématiquement utilisé au pluriel et sans déterminant : *illegal drugs; She began to suspect that her son was on/taking/doing drugs.* Le mot ne perd son *s* final qu'en position adjectivale : *a drug addict*, mais on précise qu'en anglais britannique, il garde ce *s* même dans ces circonstances : *She was suspected of being a drug dealer/UK ALSO drugs dealer; His son died of a drug/UK ALSO drugs overdose.* La définition de *pusher* est « *someone who sells illegal drugs* ».

Il ne s'agit évidemment pas ici d'une règle grammaticale, mais seulement d'une observation sur l'usage. L'important est de remarquer que le traducteur peut être influencé par ce pluriel, alors qu'en français, dans la langue courante, le mot **drogue** est plus couramment utilisé au singulier.

> *She began to suspect that her son was taking drugs.*
> **Elle s'est mise à soupçonner que son fils prenait de la drogue.**

Il est d'ailleurs probable que l'emploi du pluriel serve souvent en anglais à distinguer les deux sens, ce qui est inutile en français.

Ainsi, il n'y a pas lieu de mettre **drogue** au pluriel dans les contextes suivants :

Police use dogs to detect the presence of explosives or drugs in a room.
La police utilise des chiens pour détecter la présence d'explosifs ou de drogue dans une pièce.

Those caught with small amounts of hard drugs are immediately deported.
Quiconque est surpris en possession d'une petite quantité de drogue dure est expulsé sur-le-champ.

Évidemment, le pluriel demeure possible, voire nécessaire, dans certains contextes.

Please note that there is no equivalent to the breathalyzer for the vast majority of drugs.
Précisons qu'il n'existe aucun équivalent à l'alcootest pour la grande majorité des drogues.

There is no scientific consensus on what concentration of the most common drugs will cause impairment.
Il n'existe pas de consensus scientifique sur la concentration exacte des drogues les plus courantes qui entraîne un affaiblissement des facultés.

Remarquons que, même dans ces derniers cas, on pourrait traiter le mot **drogue** comme on traite le mot **alcool** (on parle rarement de la « consommation d'alcools ») et s'en sortir comme suit :

There is no scientific consensus on what concentration of the most common drugs will cause impairment.
Il n'existe pas de consensus scientifique sur la concentration exacte des sortes de drogue les plus courantes qui entraîne un affaiblissement des facultés.

b) Y A-T-IL DES DROGUES LÉGALES?

Par ailleurs, il ne faut pas oublier que, dans les expressions comme *illicit drugs*, *illegal drugs* ou *prohibited drugs*, l'adjectif sert souvent à assurer la distinction entre le sens de « médicament » et le sens de « drogue ». Dans ce cas, on peut s'en passer en français.

This section addresses alcohol and illicit drug use in Australia.
La présente section porte sur la consommation d'alcool et de drogue en Australie.

If you are pregnant, use of illegal drugs can be harmful to the health of your baby.
Si vous êtes enceinte, la drogue peut nuire à [la santé de] votre bébé.

> *Canada's approach to prohibited drugs is a combination of enforcement, prevention and treatment.*
> **L'approche canadienne en matière de lutte contre la drogue combine action policière, prévention et traitement.**

Notons que *illicit drug* (en français **drogue illicite**) est la seule de ces trois expressions qui soit utilisée dans la loi canadienne (*Code criminel*, art. 462.1; voir section suivante). Au Canada, les autres termes appartiennent seulement à la langue courante.

Par conséquent, dans ce cas précis, si l'auteur fait référence directement ou indirectement au *Code criminel*, il vaut mieux évidemment conserver l'expression **drogue illicite**.

c) Les subtilités de la loi

L'essentiel de ce qui précède s'applique à la langue courante. Cependant, le vocabulaire particulier des lois canadiennes oblige le traducteur à certains aménagements dans le domaine juridique et judiciaire.

Ainsi, dans la *Loi sur les aliments et drogues* (L.R.C., ch. F-27), le mot **drogue** prend le sens de « médicament » et le mot **médicament** est carrément absent. (Précisons que le mot **drogue** n'a pas ce sens selon *Le Petit Robert.*) Dans la *Loi réglementant certaines drogues et autres substances* (L.R.C., ch. C-38), qui a remplacé la *Loi sur les stupéfiants* en 1996, le mot **drogues** (et *drugs* en anglais) n'est en fait utilisé que dans le titre. Dans le reste du texte, on parle de **substance désignée** (*controlled substance*).

C'est ainsi que la loi qui concerne les stupéfiants ne désigne pas ces derniers sous le vocable de **drogue** et que celle qui porte sur les médicaments appelle ces derniers **drogue(s)**.

Quant au *Code criminel*, il parle de **drogue illicite**, expression définie comme suit : « substance désignée [au sens de] la *Loi réglementant certaines drogues et autres substances* » (art. 462). Le plus intéressant pour notre propos se trouve à l'article 253, qui traite de la conduite avec facultés affaiblies en parlant des situations où « la capacité de conduire [...] est affaiblie par l'effet de l'alcool ou d'une drogue ». Ici, on voit tout de suite que le mot **drogue** désigne aussi bien des stupéfiants que des médicaments.

Il va de soi que lorsque le traducteur tombe sur le mot *drug(s)* dans ce genre de contexte, il devra faire preuve de jugement. Prenons par exemple la phrase suivante :

> *This option would have little impact on the vast majority of drivers who are impaired by drugs.*

Si le traducteur sait pertinemment qu'on parle uniquement de stupéfiants, il pourra traduire ainsi :

> **Cette option aurait peu d'effet sur la grande majorité des conducteurs dont les facultés sont affaiblies par la drogue.**

S'il n'est pas sûr, ou s'il sait que le mot *drugs* peut être pris ici au sens de la *Loi sur les aliments et drogues* (conformément au libellé du *Code criminel*), il aura deux options, selon la destination de son texte. Si celui-ci s'adresse à un public spécialisé, il choisira ceci :

> **Cette option aurait peu d'effet sur la grande majorité des conducteurs dont les facultés sont affaiblies par une drogue.**

Toutefois, si le traducteur sait que son texte s'adresse au grand public, et s'il juge importante l'éventualité que le mot *drugs* vise aussi des médicaments, il devra utiliser les deux mots :

> **Cette option aurait peu d'effet sur la grande majorité des conducteurs dont les facultés sont affaiblies par la drogue ou par un médicament.**

Il y a aussi une autre solution qui pourrait répondre aux deux dernières situations :

> **Cette option aurait peu d'effet sur la grande majorité des conducteurs dont les facultés sont affaiblies par une drogue (licite ou illicite).**

➢ *EDUCATION, EDUCATE*

La tentation est forte, par mimétisme, de traduire les deux termes *education* et *educate* par **éducation** et **éduquer**. Le traducteur avisé fera preuve de plus de circonspection et en profitera pour rendre son texte plus clair ou plus idiomatique. Nous nous arrêterons ici sur deux sens en particulier, celui d'« instruction » et celui de « sensibilisation ».

a) DANS LE SENS D'« INSTRUCTION »

En français, la notion d'éducation dépasse celle d'instruction. Comme l'a si bien dit un des enfants de la série *Quelle famille!* à ses parents découragés parce qu'ils n'arrivent plus à aider leurs petits à faire leurs devoirs : « L'école nous *instruit*; vous autres, vous nous *éduquez*[45]! »

Certes, l'usage évolue, si bien qu'aujourd'hui, on a au Québec un ministère de l'Éducation et en France un ministère de l'Éducation publique là où il y avait autrefois dans les deux cas un ministère de l'Instruction publique[46]. On ne saurait donc tenir ces usages pour fautifs. Il n'empêche que *Le Petit Robert*, qui les consigne dans sa liste d'exemples, définit ainsi le mot **éducation** : « Mise en œuvre des moyens propres à assurer la formation et le développement d'un être humain. » On le voit, il ne s'agit pas ici uniquement des écoles, surtout à une époque où celles-ci se désengagent de la formation morale pour se concentrer sur la préparation au marché du travail.

Les mots **enseignement**, **études**, **scolarité** et **instruction**, voire parfois **école** (au sens générique) traduiront souvent de façon plus idiomatique qu'**éducation** le mot anglais *education.*

Ainsi, quand les organismes de développement international déclarent accorder la priorité à la *basic education*, il serait plus juste de traduire par **instruction de base** (ou **instruction** tout court si le contexte le permet), quoique le mot **éducation**, sous l'influence de l'anglais, soit largement répandu dans ces milieux pour désigner cette réalité.

Quelques syntagmes illustrant ces propos :

secondary education	**enseignement secondaire**
the quality of education	**la qualité de l'enseignement**
high school education	**scolarité secondaire** (dans une liste de conditions d'admissibilité)
education	**études** (dans un curriculum vitæ)
level of education	**degré de scolarité**
female education	**l'instruction des filles** ou **la scolarisation des femmes** (on imagine ici l'équivoque que créerait l'expression **éducation des filles**)
universal access to basic education	**accès universel à l'école élémentaire**

[45] Janette BERTRAND, *Quelle famille!*, épisode du 12 septembre 1971, diffusé en reprise le 3 mars 2005 sur Artv.

[46] Le Québec a toujours cependant sa *Loi sur l'instruction publique* (I-13.3), de même que l'État de Genève (C 1 10).

If her children get an education, they could break free of the relentless cycle of poverty.
Si ses enfants vont à l'école, ils pourront se sortir du cycle infernal de la pauvreté.

b) Dans le sens de « sensibilisation » ou d'« information »

Ici, le piège est encore plus sournois. Dans les milieux communautaires, toujours sous l'influence de l'anglais, les mots **éducation** et **éduquer** sont fréquemment utilisés dans le sens de leurs paronymes anglais avec des résultats souvent peu reluisants. Ainsi, ne paraît-il pas prétentieux de déclarer qu'il faut « éduquer le public », voire « éduquer le client »?

En français, **éduquer** quelqu'un, c'est lui inculquer les bonnes manières ou, au sens large, lui former l'esprit. Un examen des contextes d'utilisation en anglais montre que ce n'est souvent pas le sens voulu par les locuteurs de cette langue. Le mot **sensibiliser** est généralement beaucoup plus exact; il est même assez fréquent que le mot *educate* signifie simplement « informer ». Voici quelques exemples à l'appui :

XYZ Canada and partners work together to educate the public about Fair Trade.
XYZ Canada collabore avec ses partenaires pour informer la population au sujet du commerce équitable.

One of the most fundamental challenges faced by the Courts Administration Service is to educate government officials, parliamentarians and the public as to the distinctiveness of the courts that it serves.
Un des défis fondamentaux du Service administratif des tribunaux judiciaires consiste à informer les fonctionnaires, les élus et le public des particularités des tribunaux qu'il sert.

National Fair Trade Weeks events will offer Canadians opportunities to educate themselves, taste the products and [...].
Les activités des Semaines nationales du commerce équitable permettront aux Canadiens et aux Canadiennes de s'informer, de goûter aux produits et [...].

De cette observation découlent entre autres les syntagmes suivants :

public education activities	**activités de sensibilisation du public**
legal education	**information juridique** ou **vulgarisation juridique**
training and education services	**services de formation et de sensibilisation**
safety education committee	**comité de sensibilisation à la sécurité**

Enfin, le mot **conscientiser** pourrait aussi convenir dans certains contextes, mais lui aussi peut comporter une certaine dose de condescendance; on l'utilisera donc avec parcimonie.

Il peut arriver que, pour bien rendre le sens d'*education*, on doive recourir à deux mots en français. Par exemple, si un texte indique que l'*education* est une des fonctions importantes du Centre canadien des armes à feu, il faudra traduire par **information et sensibilisation**. En effet, le mot désigne ici tout à la fois les activités visant à *informer* le public de la teneur de la loi et à le *sensibiliser* à l'importance d'observer les règles de sécurité. Autre exemple : supposons que l'on parle de la fonction de *parenting education (prior to mediation)* dans le contexte de la protection de l'enfance en cas de divorce. Dans ce cas, on traduira par **formation et information des parents**, car il peut s'agir à la fois, par exemple, de cours servant à enseigner aux parents certaines habiletés de communication et de simples activités d'information (ou de sensibilisation) visant à leur faire prendre conscience des conséquences possibles de certains comportements sur les enfants.

On entend encore souvent l'expression « éduquer le client » dans la bouche de certains traducteurs. Pour eux, « éduquer le client », c'est lui donner une meilleure compréhension de leur travail afin de réduire les risques de demandes déraisonnables. Fort louable (et souvent nécessaire), cette action ne consiste-t-elle pas encore une fois à l'informer ou à le sensibiliser tout simplement? Ou alors, on l'envisage à long terme, comme on éduque un enfant, et dans ce cas cette expression n'est pas sans dénoter une certaine condescendance...

➤ Voir aussi *AWARENESS*.

➢ *ENSURE*

a) S'ASSURER QUE

Commençons par la mise en garde classique, qui mérite toutefois quelques éclaircissements.

La construction verbale **s'assurer que** doit porter sur un fait qui, normalement, devrait déjà être là. **Je m'assure que la porte est bien fermée** signifie que je m'attends à ce qu'elle le soit, ou que, normalement, elle devrait l'être. Sans que ce soit explicite, tous les exemples du *Petit Robert* concordent avec ce sens. Un seul exemple du Multi peut porter à confusion :

> **Assurez-vous bien qu'elle sera présente à la réunion.**

Mais ce qu'il faut comprendre de cette phrase, c'est qu'on demande à quelqu'un de s'informer pour être bien sûr que la personne en question sera présente, et non de faire le nécessaire pour qu'elle y soit.

C'est pourquoi Bulman, dans son *Prépositionnaire* (FBul), précise que **s'assurer que** se construit uniquement avec l'indicatif, et non avec le subjonctif. Ainsi, la phrase fautive « Assurez-vous bien qu'elle *soit* présente à la réunion » signifierait qu'on demande à quelqu'un de *faire en sorte que* la personne y soit. Ce serait ici le sens du mot anglais *ensure.*

Dans *L'actualité terminologique* (vol. XXXI, nº 4, 1998, p. 22), Jacques Desrosiers signale toutefois un problème qui se pose souvent quand on essaie d'appliquer cette distinction. En effet, en pratique, il n'y a pas toujours une si grande différence entre d'une part vérifier, contrôler, afin d'être sûr d'une chose, sans intervenir, et d'autre part agir pour faire en sorte que cette chose se produise :

> Après tout, quand une personne dit à une autre : « Assure-toi que la porte est bien fermée », elle lui demande en réalité deux choses : explicitement, d'aller vérifier si la porte est bien fermée; implicitement, si elle ne l'est pas, de faire en sorte qu'elle le soit. Il y aura un petit échange de propos assez vifs si la deuxième personne revient en disant simplement : « J'ai vérifié, la porte n'est pas bien fermée. »

Il semble toutefois que cette ambiguïté tienne à la définition même proposée par Desrosiers, et qu'on puisse la lever en envisageant le problème un peu différemment. Ainsi, au lieu de considérer que **s'assurer que** signifie uniquement « vérifier », à l'exclusion de « faire en sorte que », il s'agit de se demander simplement si le fait à vérifier, *normalement,* n'aurait besoin que d'une confirmation. Par définition, il s'agit d'un fait qui n'est pas certain (assuré) avant qu'on l'ait vérifié. Mais la question est de savoir si ce fait est probable, et non de savoir si le sujet interviendra ou non.

> *In all cases there needs to be follow-up, both to monitor agreements and ensure all measures are in place.*
> **Dans tous les cas, il faut faire un suivi, tant pour surveiller les ententes que pour s'assurer que toutes les mesures sont en place.**

Il va de soi que le suivi consistera à apporter les correctifs nécessaires si besoin est, mais on considère ici que, *normalement,* les mesures devraient être déjà en place au moment du suivi.

Fait intéressant, les cas où **s'assurer que** convient en français correspondront le plus souvent à un autre mot que *ensure* en anglais :

We need to confirm first that parcels are not already scanned by Canada Post.
Il faut d'abord s'assurer que les colis ne sont pas déjà numérisés par Postes Canada.

The manager shall verify that the monitoring methodologies have been applied correctly.
Le gestionnaire doit s'assurer que les méthodes de suivi ont été appliquées correctement.

Managers must check that their operations are in line with approved plans and budgets.
Un gestionnaire doit s'assurer que ses activités concordent avec les plans et les budgets approuvés.

The coordinator sees that the targets are met.
Le coordonnateur s'assure que les objectifs sont atteints.

This includes validating that results are consistent with any decisions already rendered.
On doit ainsi s'assurer que les résultats sont conformes aux décisions rendues antérieurement.

Voyons ici une phrase que l'on traduira de deux façons différentes selon le contexte :

The contractor shall ensure that the work is in full conformity with the specifications.
L'entrepreneur veille à ce que les travaux soient en tous points conformes au devis.

The contractor shall ensure that the work is in full conformity with the specifications.
L'entrepreneur s'assure que les travaux sont en tous points conformes au devis.

Dans le premier cas, il s'agit d'une action qui se déroule *pendant* les travaux. Dans le second cas, il s'agit d'une vérification qui se fait *à la fin* des travaux. On est en droit de s'attendre à ce que les travaux soient conformes au devis. Cependant, il est évident que cette clause du contrat demande aussi à l'entrepreneur d'apporter les correctifs nécessaires en cas de besoin.

Précisons par ailleurs que même lorsque *ensure* a le sens de « s'assurer que », il est parfois préférable de le traduire tout simplement par **vérifier**, surtout pour des raisons de style lorsque le verbe en français est à l'infinitif :

Open the document and ensure that the title is correct.
Ouvrir le document et vérifier si le titre comporte des erreurs.

Ask the following question and ensure that participant is outgoing and articulate.
Poser la question suivante et vérifier si le participant s'exprime facilement et clairement.

b) Les autres constructions du verbe **assurer**

La mise en garde classique concernant **s'assurer que** entraîne souvent un fâcheux malentendu qui tient à la multiplicité des constructions du verbe **assurer**. En effet, précisons que nous n'avons parlé jusqu'ici que de la forme pronominale suivie de **que**. Or, le verbe **assurer** peut aussi prendre les formes suivantes (entre autres) :

assurer qqch.	**assurer un service**, dans le sens de « veiller à ce qu'il soit offert » (*Petit Robert*)
assurer qqn de qqch.	**assurer quelqu'un de son appui**, dans le sens de « le prier de n'en pas douter » (*Petit Robert*) (C'est le verbe *assure*, et non *ensure*, qui est utilisé en anglais ici.)
s'assurer qqch.	**s'assurer les vivres pour un mois**, dans le sens de « faire en sorte d'obtenir » (*Petit Robert*)
s'assurer de qqch.	**s'assurer d'une place**, dans le sens de « réserver » (*Petit Robert*)
s'assurer de + inf.	**s'assurer de bien fermer la porte**, dans le sens de « veiller à ce qu'elle soit fermée » (FBul)

On voit que ces sens sont très proches du sens que l'on considère comme fautif pour **s'assurer que**. Mais ainsi construit, le verbe **assurer** ne pose aucun problème.

XYZ will coordinate with other organizations across Canada to ensure this distribution.
XYZ assurera cette distribution de concert avec d'autres organismes du Canada.

I can assure you of my cooperation and that of my departmental officials in carrying out this important work.
Je peux vous assurer de ma coopération et de celle de mes fonctionnaires dans la réalisation de ce mandat important.

This was to ensure the randomness of the sample.
On s'assurait ainsi du caractère aléatoire de l'échantillon.

Finally, review the figures to ensure that you incorporate all new agreement and modifications.
Enfin, examiner les chiffres pour s'assurer de tenir compte de toutes les nouvelles ententes et des modifications.

c) TRADUCTION PAR **POUR QUE** OU **AFIN QUE**

Cela étant posé, on constate en pratique que les verbes comme **s'assurer que**, **veiller à ce que**, **voir à ce que** ou **faire en sorte que** donnent souvent à la traduction française une tournure inutilement lourde, et que les simples conjonctions **pour que** ou **afin que** font souvent l'affaire :

The task is to civilize investment, to ensure it's useful and that its benefits are well distributed.
Il s'agit de civiliser l'investissement afin qu'il soit utile et que ses avantages soient bien répartis.

Oxfam and Médecins sans frontières have worked tirelessly to ensure the world's poorest can access essential medicines.
Oxfam et Médecins sans frontières travaillent sans relâche pour que les personnes les plus pauvres du monde aient accès aux médicaments essentiels.

XYZ calls on the government to embark on four strategic initiatives to ensure that Canada has a leadership role on the international stage.
XYZ demande au gouvernement d'entreprendre quatre initiatives stratégiques afin que le Canada joue un rôle phare sur la scène internationale.

Remarquons ici que l'emploi de la locution conjonctive **afin que** autorise le subjonctif, qui correspond parfaitement au sens ici.

d) TRADUCTION PAR **GARANTIR**

Le mot **garantir** peut parfois aussi offrir une solution élégante et idiomatique pour traduire *ensure*. Évidemment, dans ce cas, il faudra s'assurer que le mot *ensure* a toute la force nécessaire.

What factors should be considered to ensure a successful meeting?
De quels facteurs faut-il tenir compte pour garantir le succès d'une réunion?

But the presence of foreign investments does not ensure developmental outcomes.
Or, l'investissement étranger ne garantit pas en soi une contribution au développement.

These processes ensure accountability because they are enshrined in law.
Ces processus garantissent la responsabilisation parce qu'ils sont édictés par la loi.

XYZ supports efforts to ensure equal access to education by women and girls.
XYZ appuie les efforts visant à garantir l'égalité d'accès à l'éducation aux femmes et aux filles.

e) TRADUCTION PAR **FAIRE**

On peut parfois profiter de la tournure **faire** + infinitif pour traduire de façon concise et idiomatique le verbe *ensure* :

Canada should work at the WTO to ensure that fair trade principles are upheld.
Le Canada devrait tendre à faire respecter les principes de commerce équitable à l'OMC.

The Judicial Assistant completes the Judge's portion of the form and ensures the Judge signs it.
L'adjoint judiciaire remplit la partie du formulaire réservée au juge et la lui fait signer.

One responsibility of the communications advisor is to ensure the smooth flow of information about the Commission of Inquiry to various parts of government.
L'une des fonctions du conseiller en communication consiste à faire circuler l'information concernant la Commission d'enquête au sein de l'Administration.

f) IMPLICITATION

Il y a même des cas où le mot *ensure* peut rester implicite :

An effective program with clear communication throughout the organization is not only the way to ensure compliance with your obligations, but more importantly it helps to ensure the health and safety of your employees.
Un programme efficace assorti d'une communication limpide à la grandeur de l'organisation constitue un moyen non seulement de respecter vos obligations, mais aussi, et surtout, de protéger la santé et la sécurité de vos employés.

➢ ÉTATS-UNIEN

Tout comme le Montréalais est un Québécois et le Québécois un Canadien, le Canadien est un Américain.

Le problème, c'est que le mot **Américain** est déjà utilisé couramment pour désigner nos voisins du Sud. Les États-Unis, en effet, ont l'habitude depuis longtemps de se désigner sous le nom d'*America* et de se dire *Americans*, au sens national, et non continental, du mot.

Le choix du mot **états-unien**, au lieu d'**américain,** peut être vu comme politique, mais c'est aussi une simple question socioculturelle. Ce n'est pas un hasard si l'Europe en général adhère sans état d'âme à l'usage états-unien en utilisant couramment les mots **Amérique**, *Amerika* et consorts pour parler de l'État et non du continent, alors que cet usage est inexistant au Québec et dans le monde hispanique. Pour l'Européen, l'Amérique est aussi bien un mythe qu'un pays, de même que les États-Unis le sont pour leurs propres citoyens. Mais pour le Québécois et l'Hispano-Américain, il n'y a ni altérité ni mythologie nationale de l'Amérique : pris entre l'arbre et l'écorce, ils ont besoin de faire la distinction entre l'Amérique continentale, dont ils font bel et bien partie, et l'Amérique au sens national (les États-Unis), à laquelle ils sont étrangers. Comme le dit le journaliste et essayiste québécois Laurent Laplante :

> Pour l'auditeur canadien ou québécois, il est agaçant d'entendre le chroniqueur du *Monde* ou de *L'Express* décrire les politiques « de l'Amérique » comme si le Canada et le Mexique s'étaient retirés de l'atlas géographique[47].

Chez les hispanophones, non seulement *América* est utilisé exclusivement dans son sens continental, mais l'adjectif *americano* presque toujours aussi; pour désigner les habitants des États-Unis, on dit *estadounidense* ou *estadunidense* (équivalent direct d'**états-unien**) ou parfois – bien que ce soit erroné à strictement parler – *norteamericano.*

Peut-on croire qu'un jour, en français, le mot **états-unien** sera assez répandu pour que le mot **américain** signifie sans ambiguïté « qui appartient à l'Amérique » et non « qui appartient aux États-Unis »? Le projet peut sembler utopique, du moins à l'échelle internationale; il n'en demeure pas moins que c'est déjà une

[47] Laurent LAPLANTE, « Reconquérir l'Amérique? », *Dixit Laurent Laplante*, 26 février 2004, http://www.cyberie.qc.ca/dixit/20040226.html.

réalité en Espagne et dans les trois quarts de l'Amérique[48]. Y aurait-il lieu d'accélérer le processus du côté francophone en remettant en circulation l'ancienne graphie **amériquain** pour traiter du sens continental?

Pour l'instant, ne serait-ce que par souci d'exactitude, le traducteur sera justifié d'utiliser le mot **états-unien**, qui ne crée aucune ambiguïté et est compris et attesté des deux côtés de l'Atlantique. Du moins dans la mesure du possible. Car, encore une fois, certains clients y verront peut-être une connotation politique malvenue, compte tenu que l'essor récent du mot **états-unien**[49] est porté en bonne partie par une masse grandissante de personnes qui, du moins au Québec, souhaitent de plus en plus ardemment se dire américains sans être confondus avec les États-Unis. Il n'empêche que la vie du mot **états-unien** dépasse largement cette conjoncture. Chez nos cousins, *Le Petit Robert* en fait remonter l'existence (sous des graphies diverses) à 1955.

Ira-t-on jusqu'à parler du **dollar états-unien** dans un texte destiné aux milieux financiers? La chose paraîtra audacieuse pour certains, mais rappelons que l'expression **dollar EU** est bel et bien celle qui est préconisée par le Fonds monétaire international[50] – qui ne saurait être soupçonné d'anti-américanisme[51] – et utilisée également par la Banque mondiale et les institutions de l'ONU (ces organismes conservent toutefois le symbole international **$US**).

Pour conclure sur une note pragmatique, laissons encore une fois la parole à Laurent Laplante :

> J'admettrais, à titre personnel, que l'utilisation du terme **Étatsunien** (ou **États-Uniens**) s'éloigne tellement de nos habitudes et de celles du reste du monde que le virage prête flanc à maintes accusations s'il s'effectue trop brusquement ou sonne comme un blâme social ou politique. Le risque est grand, si un texte substitue systématiquement **États-Uniens** à **Américains**, que l'œil se heurte au changement et néglige le contenu du texte. [...]

---

48 Pour ce qui est de l'Europe, les adjectifs *US-amerikanisch* et *statunitense* sont attestés comme équivalents d'**états-unien**. Le premier demeure cependant nettement moins fréquent que *amerikanisch* dans les pays germanophones, tandis que le second est d'usage courant en Italie. En France, le mot **états-unien** est en progression, mais il demeure marginal et généralement mal reçu.

49 De 1992 à 2000 inclusivement, le nombre d'occurrences du mot **états-unien** (et de ses variantes orthographiques) dans *Le Devoir* a été inférieur à 20 par année. En 2001, il passe subitement à 67; en 2003 et 2004, il approchait la centaine. Voir http://pages.infinit.net/flaval/L_auteur/Circuit/Etats-Unien.html.

50 Fonds monétaire international, *IMF Glossary*, Washington, FMI, 1986.

51 Laissons aux intéressés le loisir de trouver un mot pour remplacer celui-ci...

> Humblement et peut-être par pusillanimité, je ferai donc coexister les deux appellations, me réservant toutefois le droit d'aligner graduellement ma terminologie sur les légitimes exigences de [...] clarté linguistique et de spécificité culturelle[52].

Nota : Pour la petite histoire, notons que les États-Uniens eux-mêmes se sont régulièrement penchés sur cette question. Ainsi, l'architecte Frank Lloyd Wright (1867-1959) aimait à parler de la *Usonian architecture.* Parmi les autres vocables proposés, notons entre autres *Appalacian, Columbard, Fredonian, Statesider, Uesican, Unisian, United States American, United Statesian, USAian, US American, Usan, Usanian* et *Washingtonian*[53]. Google recensait plus de 2 500 occurrences de *United Statesian(s)* en décembre 2004.

➤ Voir aussi *AMERICAS.*

➢ *FEDERAL-PROVINCIAL*

Le traducteur qui feuillette les lois fédérales canadiennes finira par découvrir un secret trop bien gardé : l'adjectif composé *federal-provincial* y est très souvent[54] traduit non pas par « fédéral-provincial » mais par **fédéro-provincial** :

> *14. The head of a government institution may refuse to disclose any record requested under this Act that contains information the disclosure of which could reasonably be expected to be injurious to the conduct by the Government of Canada of federal-provincial affairs [...].*
> **14. Le responsable d'une institution fédérale peut refuser la communication de documents contenant des renseignements dont la divulgation risquerait vraisemblablement de porter préjudice à la conduite par le gouvernement du Canada des affaires fédéro-provinciales [...]**[55]**.**

52 Laurent LAPLANTE, « Reconquérir l'Amérique? », *Dixit Laurent Laplante*, 26 février 2004, http://www.cyberie.qc.ca/dixit/20040226.html.

53 On trouvera une liste plus longue et des explications sous la rubrique *United Statesian* du site www.thefreedictionary.com.

54 Nous avons pu faire cette observation dans plus d'une vingtaine de lois fédérales. On trouve aussi l'expression **fédéro-territorial** dans les lois du Yukon, notamment la *Loi sur la gestion des finances publiques* (par. 20[3]).

55 *Loi sur l'accès à l'information*, L.R.C., ch. A-1.

> *21. (2) [...] subject to any <u>federal-provincial</u> agreement referred to in subsection 9(1), [...].*
> **21. (2) Sous réserve d'un accord <u>fédéro-provincial</u> visé au paragraphe 9(1), [...]**[56]**.**

Une fois qu'on l'a vu, la validité de ce choix ne fait aucun doute : parle-t-on jamais d'un « accord français-britannique » au lieu d'un accord franco-britannique? des « relations israéliennes-palestiniennes » au lieu des relations israélo-palestiniennes? Ainsi, la formation d'un adjectif composé dont le premier élément est formé d'un radical terminé par *o* est nettement plus idiomatique ici que la simple juxtaposition des deux adjectifs de base.

Que fera-t-on avec *federal-provincial-territorial*? On connaît au moins une occurrence de **fédéro-provincio-territorial**, dans le rapport annuel 1994-1995 du commissaire à la protection de la vie privée[57] :

> *[...] establishing a <u>federal-provincial-territorial working group</u> to implement the principles across Canada.*
> **[...] la formation d'un <u>groupe de travail fédéro-provincio-territorial</u> chargé d'appliquer ces principes dans tout le Canada.**

La création peut paraître monstrueuse au premier abord, mais il n'en reste pas moins qu'elle est bien formée[58] et que son équivalent avec trois finales en **-al** n'est pas nécessairement plus élégant; en fait, c'est le concept même, et non le mot, qui est un peu lourd, et il ne faut pas oublier que, dans la plupart des cas, on a vite fait de l'abréger en **FPT** de toute façon!

➢ *FINAL*

On a tellement insisté auprès des traducteurs sur les cas où *final* devait être traduit par **définitif** et non par **final**, qu'on voit parfois le défaut inverse s'installer. Or, il faut le dire : le mot **définitif** ne convient pas non plus dans tous les cas où l'on trouve *final* en anglais!

En fait, la distinction est simple : **final** renvoie le lecteur au passé, c'est-à-dire au fait qu'il y a eu des étapes antérieures et que celle-ci est la dernière. **Définitif**

---

56 *Loi sur l'immigration et la protection des réfugiés*, L.C. 2001, ch. 27.

57 www.privcom.gc.ca/information/ar/02_04_03_f.asp.

58 On trouve des constructions similaires dans *Le Monde* : « le franco-germano-espagnol EADS » (6 novembre 2004), « film germano-franco-espagnol de Pepe Danquar » (19 juin 2002) et même « les forces d'interposition russo-moldavo-transnistréennes » (21 septembre 2004).

renvoie le lecteur à l'avenir, c'est-à-dire au fait qu'il n'y a pas lieu d'attendre une nouvelle étape.

> *The final exam will take place on April 18.*
> **L'examen final aura lieu le 18 avril.**

> *He participated in the preparation of the final written report.*
> **Il a participé à la rédaction du rapport final.**

On parle ici du rapport qui a été présenté *à la fin* de l'étude, par opposition aux rapports préliminaires ou aux rapports d'étape. Évidemment, ce rapport est également définitif, puisqu'il ne sera suivi d'aucun autre, mais on insiste ici plutôt sur le fait que ce rapport clôt une série de documents, et non sur le fait qu'il ne sera plus modifié.

> *The Working Group will make its final recommendations to the relevant Ministers in March 2003.*
> **Le Groupe de travail présentera ses recommandations finales aux ministres intéressés en mars 2003.**

Encore une fois, il s'agit ici des recommandations qui closent tout un processus de rédaction, de consultations, de révisions, etc. À opposer à ceci :

> *The employer will submit its final offers tomorrow.*
> **L'employeur présentera ses offres définitives demain.**

Ici, les offres *définitives* arrivent évidemment à la fin des négociations, mais on insiste sur le fait qu'on ne les changera pas par la suite.

Rappelons enfin que *final* doit aussi parfois être traduit par **dernier**.

> *Can I just make one final comment?*
> **Puis-je faire un dernier commentaire?**

> *Upon completion of the audit, the financial advisor may recommend a final payment.*
> **Après la vérification, le conseiller financier peut recommander le versement du dernier paiement.**

> *Our year-end statements, the final quarter, are not ready as the year has just ended.*
> **Les états financiers de fin d'exercice, c'est-à-dire du dernier trimestre, ne sont pas encore prêts puisque l'exercice vient à peine de se terminer.**

➢ *FOR* + SUBSTANTIF OU GÉRONDIF

Dans les textes administratifs, on voit souvent le mot *for* suivi d'un nom (ou d'un gérondif) : *for review, for consideration, for discussion, for copying.* Cette formulation s'observe fréquemment en fin de phrase ou de proposition.

Le français est capable d'imiter cette tournure (**pour examen**, etc.), mais il existe plusieurs autres solutions souvent plus recommandables parce que plus élégantes ou idiomatiques. Voyons les quatre grandes possibilités.

a) Le calque parfait et le calque adouci

Premièrement, comme nous l'avons dit, il est possible de reproduire tout simplement la formule anglaise, y compris en omettant l'article. On pourrait parler de ici de *calque*[59]. Cette solution est caractéristique d'un style télégraphique, législatif ou sèchement administratif.

> *The draft audit report is submitted to the Committee <u>for review and approval</u>.*
> **Le projet de rapport de vérification est présentée au Comité <u>pour examen et approbation</u>.**
>
> *The police officer may seize the print-out <u>for examination or copying</u>.*
> **L'agent de police peut saisir l'imprimé <u>pour examen ou reproduction</u>.**

Pour « adoucir » un peu la formule, on peut recourir à une locution prépositive.

> *XYZ is responsible for all personal information under its control, including personal information disclosed to third parties <u>for processing</u>.*
> **XYZ est responsable de tous les renseignements personnels qui sont en sa possession, y compris les renseignements communiqués à des tiers <u>aux fins de traitement</u>.**

b) La transposition

Nous reprenons encore la terminologie de VD. Le procédé de transposition, assez simple et naturel, consiste à traduire le substantif anglais par un verbe français.

> *Action: Cathy to prepare and distribute draft report <u>for discussion</u> at next conference call.*
> **Suivi : Cathy rédigera et distribuera un projet de compte rendu <u>pour qu'on en discute</u> à la prochaine téléconférence.**

---

[59] Nous utilisons ici la terminologie de VD (par. 33), selon qui un calque n'est pas nécessairement fautif.

When either two or three Judges want to grant the Application, the Application is placed on the B List for review by all Judges at the next meeting.
Si deux ou trois juges sont prêts à donner droit à la demande, celle-ci est mise sur la liste B pour être étudiée par l'ensemble des juges à la réunion suivante.

The Secretariat should be responsible for the gathering of assessments from federal departments for review by the Advisory Committee and for dissemination to the relevant federal agencies.
Le Secrétariat devrait être chargé de recueillir les analyses des ministères fédéraux qui doivent être examinées par le Comité consultatif et communiquées aux organismes fédéraux intéressés.

Finance sends the form to the Registrar for approval.
Le service des finances fait approuver la demande par le registraire.

Cette formule permet souvent des économies par implicitation du nom ou d'un autre élément de la phrase :

Prepare a brief "best practices" manual and circulate for comment.
Rédiger un petit guide des « pratiques optimales » et le faire commenter.

The Executive can review these results prior to the Board meeting in June, where they will be presented for discussion and approval.
Le Comité de direction pourra prendre connaissance des résultats avant la réunion du Conseil en juin, où ils seront présentés pour être approuvés.

While the government has a role to play in developing options and proposals for consideration by a parliamentary committee, [...].
Le gouvernement a certes un rôle à jouer dans l'élaboration des options et des propositions qui seront soumises au comité parlementaire, [...].

All the members of the committee will receive the report for their feedback and further input.
Tous les membres du comité recevront le rapport et pourront le commenter ou le compléter.

c) L'INTÉGRATION (OU DÉPLACEMENT)

La troisième solution consiste à conserver le nom, mais à l'avancer dans la phrase afin de lui donner un complément. Il s'agit d'un complément du nom qui constitue fonctionnellement un complément d'agent, car c'est lui qui exécute l'action exprimée par le nom.

On arrive ainsi à une formule plus naturelle que les précédentes.

> *The financial statements will go to the finance committee for review before coming to the Board in June.*
> **Les états financiers seront soumis à l'examen du comité des finances avant d'être présentés au Conseil en juin.**
>
> *Mr. Dreyer sent the report to seven independent individuals for their comments.*
> **M. Dreyer a soumis le rapport aux commentaires de sept personnes indépendantes.**
>
> *We should examine the proposal prior to submitting it to the Committee for approval.*
> **Nous devrions examiner la proposition avant de la soumettre à l'approbation du Comité.**
>
> *The certificate must be referred to the Federal Court for a determination of its reasonableness.*
> **Le caractère raisonnable du certificat doit être confirmé par la Cour fédérale.**

Comme la transposition, l'intégration peut être accompagnée d'une implicitation.

> *The draft statement of values was presented to the Board for review and comment.*
> **Le projet d'énoncé des valeurs a été soumis aux commentaires du Conseil.**
>
> *Draft audit report is submitted to the Committee for review and approval.*
> **Le projet de rapport de vérification est soumis à l'approbation du Comité.**

Dans les deux cas qui précèdent, le fait que le Conseil ou le Comité vont examiner (*review*) le document va de soi s'ils doivent le commenter ou l'approuver.

d) L'IMPLICITATION

Nous avons vu que les procédés qui précèdent peuvent parfois s'accompagner d'une implicitation, généralement à la faveur d'une combinaison de mots dont certains sont superflus ou redondants. On peut aller plus loin sur le chemin de l'implicitation; l'implicitation pure peut prendre trois formes.

Nous appelons la première forme *implicitation lexicale* parce qu'il s'agit de recourir à une formule qui rend implicite le mot, mais non l'idée (par opposition à l'*implicitation sémantique*; voir plus loin). Dans les trois exemples qui suivent, l'idée est rendue par le verbe **soumettre**. Implicitement, si on soumet un document à un comité, c'est pour qu'il en discute ou l'examine. Dans le troisième cas, l'idée de faire approuver la demande va également de soi dans le contexte.

> *Karen will send out a draft plan for review by the Executive prior to the next meeting.*
> **Karen soumettra un projet de plan au Comité de direction avant la prochaine réunion.**
>
> *It is my intention to explain some of the amendments we are proposing this afternoon for consideration by this committee.*
> **J'ai l'intention d'expliquer une partie des modifications que nous soumettrons cet après-midi au comité.**
>
> *Recipients of contributions shall submit financial claims for review and acceptance by the Department of Justice at agreed intervals.*
> **Le bénéficiaire soumet ses demandes de remboursement au ministère de la Justice à intervalles réguliers.**
>
> *Guidelines for the distribution of ratings have been introduced and it will be mandatory for each department to compare its rating distribution and provide justifications of any variance for review by the Committee.*
> **Il existe maintenant des lignes directrices relatives à la distribution des cotes, et chaque ministère devra obligatoirement justifier auprès du Comité tout écart entre sa propre distribution et celle qui est préconisée dans les lignes directrices.**

Deuxièmement, l'implicitation peut aussi se faire par locution prépositive.

> *The Regional Council approved a number of recommendations for consideration by the Board.*
> **Le Conseil régional a formulé un certain nombre de recommandations à l'intention du Conseil.**

Enfin, on peut plus souvent qu'on le pense procéder à une *implicitation sémantique*, c'est-à-dire qu'on laisse entièrement au lecteur le soin de comprendre de quoi il s'agit grâce au contexte ou au simple bon sens. Il s'agit ici de carrément laisser tomber le syntagme *for* + substantif.

Once the bill will have been through third reading, it will be going to the Senate for review.
Le projet de loi passera au Sénat après la troisième lecture.

We will prepare a forecast, along with any recommendations for revisions to the budget, for consideration by the Board at its next meeting.
Nous préparerons des prévisions, ainsi que des recommandations visant la révision du budget, pour la prochaine réunion du Conseil.

In the attached discussion paper, we raise questions for consideration.
Dans le document de travail ci-joint, nous soulevons certaines questions.

All reports shall be submitted to the Secretary-General of the United Nations, who shall transmit them to the Committee for consideration.
Tous les rapports seront adressés au Secrétaire général de l'Organisation des Nations Unies, qui les transmettra au Comité.

The Registrar will review and after approval, will send the request and receipts, invoices, etc., to Finance Branch for processing.
Le registraire approuve la demande puis l'envoie, avec les pièces justificatives, à la Direction générale des finances.

The Registry will then send the signed Judgment to the Printing Office for copying and printing.
Le greffe envoie ensuite le jugement signé au service d'impression.

It is anticipated that the consultation document will be circulated for comment in 2003.
On s'attend à ce que le document de consultation soit distribué en 2003.

➢ *GOVERNANCE*

Les dictionnaires bilingues courants traduisent ce terme par **gouvernement**. De fait, jusqu'à récemment, le mot anglais *governance* était synonyme de *government*. Toutefois, dans les années 80, il a été popularisé par la Banque mondiale pour désigner de manière générale les structures décisionnelles caractéristiques d'un pays, au-delà du gouvernement au sens de « pouvoir exécutif ». Dans les années 90, on s'est mis à parler de *governance* pour désigner les structures décisionnelles et le mode de gestion des entreprises. Curieusement, c'est d'abord dans ce sens que le mot **gouvernance** a été ressuscité en France[60] :

> La gouvernance a été au départ un problème qui s'est posé à l'intérieur des entreprises, note Raymond Barre. L'idée est apparue à la suite des scandales financiers alors que salariés et actionnaires réclamaient plus de transparence. [...] L'idée d'abord limitée aux entreprises s'est progressivement étendue à la vie politique[61].

Le mot **gouvernance** a donc déjà cours en français, notamment parce que cette notion est généralement utilisée dans des milieux où les choses se passent à la base en anglais (Banque mondiale, OMC, ONU).

Dans le sens spécifique de *international governance* (voir plus loin), il s'agit d'une notion nouvelle à laquelle on ne connaît aucun autre équivalent français, et tout porte à croire que le mot **gouvernance** s'implantera définitivement. Il ne reste plus qu'à l'ajouter aux autres options dont on dispose. Il ne faudrait pas en déduire, cependant, que c'est la seule, et qu'il n'existe pas de terme tout aussi clair, voire plus parlant, pour traduire ce mot dans bien des cas.

a) Le sens politique local ou national

Commençons par faire remarquer que le mot *governance* peut s'appliquer tout simplement à la *gestion des affaires publiques*, ou *gestion publique.*

> *This rapport emphasized the need for effective governance structures to be established in a country before major investments in extractive industries are made.*
> **Dans ce rapport, on insiste sur la nécessité de mettre en place des structures efficaces de gestion publique dans un pays avant d'y faire des investissements majeurs en exploitation des ressources naturelles.**

C'est très souvent dans ce sens qu'on utilise aussi le syntagme très courant *good government*, qu'on peut traduire alors par **saine gestion publique** ou **saine administration (publique)**, voire par **bon gouvernement**. En effet, dans ce dernier syntagme, en français, le mot **gouvernement** reprend le sens général d'« action de gouverner » et celui de « pouvoir exécutif ».

---

60 Ressuscité, car en français, il existe depuis le XVe siècle, mais son sens moderne est autrement très régional et spécialisé.

61 Christian RIOUX, « La gouvernance mondiale n'est pas pour demain », *Le Devoir*, 6 octobre 2004, p. A1.

b) Le sens administratif et commercial

The principles of good governance apply to the management of aid institutions as much as to developing countries.
Les principes de la saine gestion s'appliquent aux institutions d'aide internationale autant qu'aux pays en développement.

Ethical values are the cornerstone of good governance and democracy.
L'éthique est la pierre angulaire d'une saine gestion et de la démocratie.

Ici, **saine gestion** et **saine administration** conviennent parfaitement. Mais que faire lorsque *governance* est employé sans l'adjectif *good*? Employés seuls, les mots **gestion** et **administration** risquent de ne pas rendre le sens spécifique de *governance*, que l'on veut distinguer de *management*. Après réflexion, on se rend compte que, dans bien des cas, le terme **structure décisionnelle** traduit parfaitement le concept, souvent de façon plus efficace (et plus élégante) que **gouvernance** :

Developing countries have sought a number of changes to the governance of the WTO so that trade might contribute to their development needs.
Les pays en développement réclament plusieurs changements à la structure décisionnelle de l'OMC afin que le commerce puisse contribuer à leur développement.

In the 1990s, the international financial institutions became more deeply involved in issues of national governance.
Dans les années 90, les institutions financières internationales se sont intéressées de plus en plus aux structures décisionnelles nationales.

c) *International governance*

Governance a également un sens plus récent qui vise l'ensemble des institutions internationales comme l'ONU, l'OMC et les institutions de Bretton Woods. Ici, on ne saurait évidemment parler de « gouvernement », et le terme **gouvernance** semble s'être imposé de manière irréversible. Il reste toutefois encore des solutions pour le traducteur soucieux de prendre ses distances par rapport à cette influence de l'anglais. On peut utiliser par exemple **structures décisionnelles**, **appareil décisionnel** ou **instances décisionnelles**.

The G8 is an important part of the architecture of global governance.
Le G-8 constitue un rouage important de l'appareil décisionnel planétaire.

The political role of the UN should be strengthened in global governance.
Le rôle politique de l'ONU dans la gouvernance mondiale doit être renforcé.

➢ *GOVERNMENT*

a) NOTIONS DE BASE

Il est facile de traduire un peu mécaniquement *government* par **gouvernement**. Toutefois, quand on y regarde de plus près, on constate que le premier a une extension de sens beaucoup plus grande que le second.

Commençons par établir une première nomenclature des trois principaux mots français qui peuvent traduire *government*, en essayant de les distinguer par leur définition. (Afin de simplifier les choses, nous ne retenons ici, évidemment, que les aspects de ces définitions qui sont pertinents pour notre propos.)

Gouvernement	– Ensemble des personnes qui gouvernent un État (le premier ministre, les ministres, etc.) [Multi].
Administration	– Fonction consistant à assurer l'application des lois et la marche des services publics conformément aux directives gouvernementales; ensemble des services et agents chargés de cette fonction (l'Administration) [PRob]. – Ensemble indifférencié des services publics et de leurs agents relevant de l'État (GDT).
État	– [...] le gouvernement et l'administration réunis, [...] par opposition aux entreprises privées [...] (Bénac). – Pouvoirs publics. **L'État prélève des impôts.** SYN. **Administration** (Multi).

Bénac cite en outre cet exemple éclairant du *Dictionnaire des synonymes* de Lafaye :

Le gouvernement guide, résout, prend des mesures générales; l'administration agit, fonctionne, fait les affaires du pays.

Passons maintenant à quelques expressions corollaires qui élargiront la palette de nos possibilités au moment de traduire le mot *government* :

Administration publique	– Ensemble des activités visant à appliquer les lois, à mettre en œuvre les politiques et à assurer le fonctionnement des services publics (GDT).

Pouvoirs publics – Ensemble des autorités pouvant imposer des règles aux citoyens (PRob).

Autorités – Plur. **Les autorités** : les personnes qui exercent l'autorité (PRob).

Forts de cet attirail, voyons maintenant quelques exemples d'application.

The government had to restore fiscal sovereignty in order to regain the capacity to make choices for the future.
Le gouvernement devait assainir ses finances pour reprendre les rênes de sa destinée.

The Minister of Finance established two-year targets for deficit reduction. The result has been a massive transformation of the federal government.
Le ministre des Finances a fixé des objectifs de réduction du déficit sur deux ans. Il en est résulté une transformation profonde de l'administration fédérale.

Democratic reform is critical to providing Canadians with more responsive and more effective government.
La réforme démocratique est essentielle pour assurer à la population canadienne une administration gouvernementale plus efficace, qui répond effectivement à ses besoins.

Mr. Higgins has extensive experience in government and the private sector.
M. Higgins jouit d'une vaste expérience dans l'administration publique et dans le secteur privé.

In evaluating assurances by a foreign government, the Minister may also wish to take into account the human rights record of the government giving the assurances.
Lorsqu'il évalue les garanties fournies par un État étranger, le ministre serait aussi bien avisé de tenir compte des antécédents du gouvernement en cause relativement au respect des droits de la personne.

By modulating a government's access to credits, the World Bank rewards or punishes governments depending on their performance relative to its standards.
En jouant sur l'accès au crédit des États, la Banque mondiale récompense ou punit les gouvernements selon leurs résultats par rapport à ses normes.

Citizens must have the opportunity to determine impact on the choices facing government, through accountable and transparent processes.
Les citoyens doivent avoir la possibilité d'influer sur les choix opérés par l'État grâce à des processus transparents et dotés de mécanismes de responsabilisation.

Governments have always used a variety of policy instruments to achieve their goals.
L'État a toujours utilisé divers outils d'intervention pour réaliser ses objectifs.

Increased pluralism in global politics has also been aided by new forms of collaboration between governments and civil society groups.
De nouvelles formes de collaboration entre les pouvoirs publics et les groupes de la société civile contribuent également à accroître le pluralisme en politique mondiale.

That can undermine the capacity of governments to develop the economic and social infrastructure for a sustained reduction in poverty.
Cela peut compromettre la capacité des pouvoirs publics à doter leur pays des infrastructures économiques et sociales nécessaires à une réduction durable de la pauvreté.

Single business permits enable governments to consolidate registering businesses so that entrepreneurs need secure only one permit to operate a business.
Les permis uniques d'exploitation permettent aux autorités de rationaliser l'enregistrement en n'exigeant l'obtention que d'une seule autorisation pour exploiter une entreprise.

Realizing such an alternative requires enhanced policy autonomy for national Governments.
Pour cela, cependant, il faut que les autorités nationales jouissent d'une plus grande autonomie dans l'élaboration de leurs politiques économiques.

The provincial or municipal government may consider an organization to be a charity, even though it is not registered with Revenue Canada as such.
Les autorités provinciales ou municipales peuvent considérer une organisation comme un organisme caritatif même si elle n'est pas enregistrée à ce titre auprès de Revenu Canada.

Il va sans dire qu'en contexte, les distinctions entre certaines de ces notions sont parfois floues, de telle sorte qu'il arrive que plus d'une traduction soit acceptable.

L'important est de garder en mémoire les vastes ressources du français pour traduire le mot *government.*

Et comme si ce n'était pas assez, toujours pour inciter le traducteur à garder l'œil ouvert, citons un cas (très spécifique, précisons-le) où le mot *government* pourrait aussi être traduit par **législateur**[62] :

> *The government thus sought to entrust CHSCTs with a wide range of responsibilities [...].*
> **Le législateur semble donc avoir voulu leur confier des responsabilités très étendues [...].**

b) Le mot **administration**, un usage à encourager

L'usage absolu du mot **administration** dans le sens qui nous intéresse ici étant assez peu fréquent au Canada français, le traducteur a souvent tendance à recourir à un qualificatif, en utilisant plutôt **administration publique** ou **administration fédérale**, par exemple. Ce choix, ancré dans la nécessité de la clarté pour le lecteur canadien, est tout à fait légitime.

Remarquons seulement que l'utilisation du mot **administration** pour désigner l'administration publique est très courant de l'autre côté de l'Atlantique et qu'il n'y a pas lieu de s'en priver. Pour nous inspirer, prenons à témoin ces deux citations tirées d'un site Web du ministère français de l'Économie, des Finances et de l'Industrie traitant des « partenariats public-privé » :

> La philosophie de ces contrats est de permettre à l'*administration* de tirer profit des capacités de gestion d'une entreprise privée [...][63]*.

> La notion de partenariat suppose qu'une autonomie suffisante soit laissée au partenaire privé pour concevoir et bâtir l'infrastructure ou pour gérer les services concernés. L'*administration* doit définir des objectifs généraux et responsabiliser son partenaire, notamment en liant sa rémunération à des critères de qualité convenus à l'avance[64]*.

---

[62] Il n'est pas sans intérêt de noter qu'il s'agit ici d'un texte rédigé en français à l'origine (http://www.eiro.eurofound.ie/2002/01/word/fr0201101ffr.doc) et traduit en anglais (http://www.eiro.eurofound.ie/2002/01/feature/fr0201101f.html). Les CHSCT sont les comités d'hygiène et de sécurité et des conditions de travail institués par l'État français.

[63] France, ministère de l'Économie, des Finances et de l'Industrie, *Les contrats de partenariat entre le secteur public et les entreprises privées, Présentation générale du projet*, http://www.ppp.minefi.gouv.fr/presentation.htm.

[64] France, ministère de l'Économie, des Finances et de l'Industrie, *Les contrats de partenariat entre le secteur public et les entreprises privées, Les questions fréquemment posées*, http://www.ppp.minefi.gouv.fr/faq.htm.

Toujours pour faire lever les hésitations (rattachées au risque d'ambiguïté), rappelons la règle orthographique qui s'applique en ce cas :

> Le terme **administration** s'écrit avec la majuscule initiale lorsqu'il est employé de façon absolue (sans adjectif ni complément). La présence de la majuscule permet ainsi de faire la distinction entre l'administration d'un gouvernement et toute autre administration. On dira par exemple : **l'Administration a décidé, le point de vue de l'Administration, entrer dans l'Administration** [...][65].

Bien qu'elle n'y soit pas appliquée systématiquement (comme on peut le voir dans les citations qui précèdent), la même règle est en vigueur dans l'Hexagone, comme l'atteste la définition du *Petit Robert* au début du présent article.

c) LE MOT **ADMINISTRATION**, UN USAGE À SURVEILLER DE PRÈS

Cet exposé sur le mot **administration** serait incomplet s'il n'était accompagné d'une mise en garde contre l'usage fautif de ce mot inspiré de l'anglais. Déjà, Dagenais le relevait en 1967 :

> Ce mot a plusieurs sens [...]. Il n'a pas celui de « gouvernement » que l'anglais a donné à son mot *administration*.
>
> On commet un anglicisme quand on dit, par exemple, que c'est à l'« administration » Duplessis ou à l'« administration » Lesage qu'il faut attribuer le mérite de telle ou telle œuvre. On s'exprime correctement en employant le mot **gouvernement**[66].

Il faut dire que cet usage est peu fréquent aujourd'hui.

Ajoutons par ailleurs que certaines sources autorisent comme cas particulier l'utilisation du mot **administration** dans ce sens lorsque l'on parle de politique états-unienne : « Par exemple, aux États-Unis, l'**administration** Roosevelt, Bush ou Nixon[67]. »

---

[65] Office québécois de la langue française, *Grand Dictionnaire terminologique*, http://www.granddictionnaire.com, sous **administration**.

[66] Gérard DAGENAIS, *Dictionnaire des difficultés de la langue française au Canada*, Montréal, Pedagogia, 1967, sous **administration**.

[67] Cyrille GOULET, *Vocabulaire du Parlement*, Bureau de la traduction, 1998, cité dans *Termium*, 2001.

Chouinard, dans un entrefilet publié en 1984 dans le bulletin *C'est-à-dire* du Comité de linguistique de Radio-Canada, apporte l'explication suivante pour justifier cette entorse :

> À cause de la structure administrative aux États-Unis, où 250 mille [sic] personnes relèvent directement de la présidence, il faut faire une exception pour ce pays et accepter le terme **administration** au sens de « gouvernement »[68].

Cette entorse est à mettre dans le même panier que l'utilisation des mots **convention** au sens de « congrès d'investiture » ou de **Congrès** au sens d'« assemblée législative » quand on parle spécifiquement de la politique états-unienne. Cependant, il demeure loisible au traducteur de faire sienne la position d'un Dubuc, par exemple, pour qui il faut plutôt dire « les cent jours du *gouvernement* Clinton[69]* ». Cet usage ne donne lieu à aucune ambiguïté.

En France, dans l'usage normal, on accole au mot **gouvernement** le nom du premier ministre et non celui du président. Ainsi, le **gouvernement Chirac** fait référence à l'époque où celui-ci était premier ministre et non à son septennat comme président. On n'utilise pas le mot **administration** dans cette acception.

d) *LOCAL GOVERNMENT*

Dès 1967, Dagenais faisait la remarque suivante :

> Un ensemble de personnes exerçant une autorité politique par délégation de pouvoirs dans une région ou dans une localité ne forme pas un gouvernement.
>
> On peut parler du gouvernement d'une ville au sens d'« action d'administrer » : **le gouvernement d'une ville moderne exige autant d'imagination que d'énergie**, mais on ne peut parler du gouvernement d'une ville si l'on veut désigner par ce mot les autorités politiques de la ville.
>
> Le mot anglais *government* s'applique et aux ensembles de personnes qui conduisent un État et aux conseils municipaux. C'est commettre un anglicisme de dire, par exemple, **les « gouvernements » d'Ottawa, de Québec et de Montréal sont d'accord sur cette question** au lieu de **les gouvernements**

---

[68] Camil CHOUINARD, « On peut dire l'administration Reagan », *C'est-à-dire*, Société Radio-Canada, Montréal, vol. XV, n° 2, 1984, p. 6.

[69] Robert DUBUC, *En français dans le texte*, 2ᵉ édition, Montréal, Linguatech, 2000, sous **administration**.

> **d'Ottawa et de Québec et les autorités montréalaises** (ou **le conseil municipal de Montréal) sont d'accord**[70]**...**

En 1990, Gémar et Ho-Thuy renchérissent en rappelant qu'en anglais, le *Black's Law Dictionary* inclut dans le champ sémantique de *government* les *city and townships governments*, alors que « la notion de "gouvernement", depuis la Révolution française, ne s'applique plus aux villes ni aux provinces ou régions[71] » en français.

Par ailleurs, Gémar et Ho-Thuy élargissent légèrement la palette des solutions proposées par Dagenais :

> En français, on parlera plus justement, selon la situation en cause, des *autorités municipales*, des *institutions municipales*, du *conseil municipal* ou encore de l'*administration municipale*[72].

N'oublions pas toutefois que le terme **administration municipale** ne devra pas être confondu avec les autres. Citons ici le vocabulaire de la Commission de terminologie juridique du ministère de la Justice du Québec :

> En ce qui concerne l'expression « administration locale », elle est impropre pour désigner une *collectivité locale*, car le terme **administration** ne désigne ni la collectivité elle-même ni l'organe qui prend les décisions en son nom, mais l'ensemble des services et agents qui assurent l'exécution de ces décisions.

Par ailleurs, on aura remarqué dans cette citation que le terme préconisé par la Commission de terminologie juridique pour traduire *local government* est plutôt **collectivité locale**. Ce terme peut étonner de prime abord, mais la Commission apporte la précision suivante :

> Le français préfère évoquer le groupe humain qui jouit, sur une base territoriale locale, de l'autonomie de gestion, tandis que l'anglais évoque plutôt l'organe exécutif qui dirige cette collectivité. Mais les deux langues rejoignent, par des chemins différents, la même réalité[73].

---

[70] Gérard DAGENAIS, *Dictionnaire des difficultés de la langue française au Canada*, Montréal, Pedagogia, 1967, sous **gouvernement**.

[71] Jean-Claude GÉMAR et Vo HO-THUY, *Difficultés du langage du droit au Canada*, Cowansville, Éditions Yvon Blais, 1990, p. 95.

[72] Jean-Claude GÉMAR et Vo HO-THUY, *Difficultés du langage du droit au Canada*, Cowansville, Éditions Yvon Blais, 1990, p. 96.

[73] Québec, ministère de la Justice, Commission de terminologie juridique, *Termes juridiques, Vocabulaire anglais-français*, gouvernement du Québec, 1997, sous **collectivité locale**.

Ces observations sont confirmées par la définition suivante, émanant de la Documentation française, organe d'information et d'édition du gouvernement français :

> L'expression **collectivité locale** désigne dans le langage courant ce que la Constitution et le droit nomment **collectivité territoriale**. Il s'agit d'une structure administrative française, distincte de l'administration de l'État, qui doit prendre en charge les intérêts de la population d'un territoire précis. Ainsi une commune est chargée des intérêts des personnes vivant sur son territoire. [...] Une collectivité territoriale est définie par trois conditions : la personnalité morale [...]; des compétences propres [...]; un pouvoir de décision [...][74].

Le terme **collectivité locale** a également été adopté dans ce sens sous nos longitudes. Voici la définition qu'en donne la Commission de terminologie du ministère de la Justice du Québec :

> Personne morale de droit public, constituée des habitants d'un territoire organisé en circonscription administrative, et qui gère les intérêts de ceux-ci par le moyen d'autorités élues[75].

e) ABORIGINAL GOVERNMENT

À la lumière de ce qui précède, on comprend que, pour savoir s'il faut ou non traduire *aboriginal government* par **gouvernement autochtone**, il faut d'abord définir le statut de l'organe en cause.

Les conseils de bande institués par la *Loi sur les Indiens* exercent des pouvoirs délégués dans le cadre d'un régime assimilable à celui des administrations municipales. Par conséquent, tout comme il n'existe pas de « gouvernement municipal », il n'existe pas non plus de « gouvernement autochtone » en ce sens. On pourrait alors avoir recours à l'expression **collectivité locale autochtone** ou, si le territoire est assez vaste, à **collectivité territoriale autochtone**, le terme **collectivité territoriale** étant présenté comme synonyme de **collectivité locale** par l'OQLF[76], et le même usage existant aussi de l'autre côté de l'Atlantique (voir plus haut).

---

[74] La Documentation française, *Comment définir une collectivité locale?*, http://www.vie-publique.fr/decouverte_instit/instit/instit_3_1_0_q1.htm [consulté le 31 octobre 2004].

[75] Québec, ministère de la Justice, Commission de terminologie juridique, *Termes juridiques, Vocabulaire anglais-français*, gouvernement du Québec, 1997, sous **collectivité locale**.

[76] Québec, Office québécois de la langue française, *Normalisation – Avis terminologiques*, http://www.oqlf.gouv.qc.ca/ressources/bibliotheque/officialisation/terminologique/fiches/1198705.html.

Malheureusement, par un accès de surcorrection[77], on a pris l'habitude de traduire *aboriginal communities* par **collectivités autochtones** au lieu de **communautés autochtones**, ce qui pourrait parfois donner lieu à une certaine confusion. Encore une fois, il appartiendra au traducteur de faire preuve de jugement au cas par cas.

Par ailleurs, il existe aussi des gouvernements autochtones issus d'une entente conclue entre le gouvernement fédéral et une nation autochtone en vertu de l'article 35 de la *Loi constitutionnelle de 1982*. Puisqu'elle relève de la Constitution et non d'une simple loi, ce genre d'autorité constitue en quelque sorte un troisième ordre de *gouvernement* et peut par conséquent porter ce nom.

➤ Voir aussi *COMMUNITY*.

f) SELF-GOVERNMENT

Dans le domaine des affaires autochtones, les textes fédéraux traduisent systématiquement *self-government* par **autonomie gouvernementale**. Dans la mesure où l'on parle ici non pas de pouvoirs délégués, mais de pouvoirs découlant directement de la Constitution ou des droits ancestraux ou issus de traités, ce terme n'est pas fautif à la lumière de ce qui précède.

Le problème ici n'est pas tant conceptuel que simplement linguistique. En effet, on notera avec intérêt que le DEJ et le DTPJE, deux dictionnaires juridiques, traduisent *self-government* par **autonomie locale**. Le Meertens, quant à lui, propose : « autonomie [d'une collectivité territoriale] ». Est-il possible que le mot **gouvernemental**, dans **autonomie gouvernementale**, soit tout simplement redondant? De fait, *Le Petit Robert* donne comme seule et unique définition du mot **autonomie** (dans le domaine politique) : « Droit de se gouverner par ses propres lois. »

Ainsi, on serait en droit de traduire la phrase suivante comme suit :

> *The aboriginal right of <u>self-government</u> has been recognized by the federal government.*
> **Le gouvernement fédéral a reconnu le droit à l'<u>autonomie</u> des Autochtones.**
>
> *Certain aboriginal groups are challenging the legislation in court, based on <u>self-government</u> rights.*
> **Certains groupes autochtones contestent la loi devant les tribunaux, invoquant leur droit à l'<u>autonomie politique</u>.**

[77] Voir l'article *COMMUNITY* du présent ouvrage.

D'aucuns pourraient objecter qu'**autonomie** employé absolument et **autonomie politique** risquent d'être interprétés dans un sens trop large. Pourtant, objectivement, peut-on croire qu'**autonomie gouvernementale** soit plus restrictif qu'**autonomie** ou **autonomie politique**?

Une fiche de *Termium* met au jour une autre implication politique : « l'expression **autonomie politique**, correcte [...], a dû être bannie à la demande de Pierre Trudeau, apparemment, qui ne voulait pas l'utiliser compte tenu du mouvement souverainiste au Québec[78] ». L'expression n'est toutefois pas disparue du paysage politique canadien : en 1983 paraissait l'important *Rapport du Comité spécial sur l'autonomie politique des Indiens* (également appelé rapport Penner).

Encore une fois, il reste au traducteur à tirer ses propres conclusions et à agir en connaissance de cause.

➢ *HELP*

a) **AIDER** SANS COMPLÉMENT D'OBJET DIRECT?

Normalement, en français, le verbe **aider** se construit avec un complément d'objet direct. Ainsi, on dira plus naturellement **J'ai aidé Jean à organiser cette fête** que **J'ai aidé à l'organisation de cette fête**.

Le Petit Robert nous dit cependant que ce verbe peut, comme en anglais, se construire sans complément d'objet direct :

> **Ces mesures pourront aider au redressement de l'économie.**

On remarquera toutefois que cette construction semble beaucoup plus courante en anglais qu'en français, de telle sorte que son abus dans notre langue contribue aux nombreux signes qui trahissent une traduction.

Ainsi, lorsqu'il n'y a pas de complément d'objet direct, on recourra plus naturellement aux constructions verbales **contribuer à**, **chercher à**, **faciliter**, **favoriser**.

> *This program will <u>help</u> maintain peace and stability.*
> **Ce programme <u>contribuera à</u> maintenir la paix et la stabilité.**

---

[78] Canada, Bureau de la traduction, *Termium*, Ottawa, TPSGC, 2001, sous **autonomie politique**.

The Council welcomed the Prime Minister's commitment to help make the multilateral system more equitable for developing countries.
Le Conseil a applaudi l'engagement du premier ministre de chercher à rendre le système multilatéral plus équitable pour les pays en développement.

Members contributed to the development of a document which will help interpret each standard.
Les membres ont contribué à la rédaction d'un document qui facilitera l'interprétation de chaque principe.

A standing advisory body could help sustain a coordinated effort.
Un conseil consultatif permanent pourrait favoriser la continuité d'un effort concerté.

b) *HELP*, UNE NUANCE IMPORTANTE?

Dans une entrevue diffusée sur la Première Chaîne de Radio-Canada le 2 janvier 2005, on a pu entendre Lise Payette dire ceci :

> Je suis entrée en politique pour deux raisons. La première : faire la souveraineté... *aider* à faire la souveraineté. (La *faire*, ce serait de la prétention.) Donc, aider à faire la souveraineté. [...]

C'est exactement ce genre de précaution qui pourrait inciter le traducteur à conserver le mot *help* suivi d'un verbe dans tous les contextes où il le trouve en anglais. Au-delà du fait que l'expression **aider à** sans complément direct est plus acceptable à l'oral qu'à l'écrit, nous voulons démontrer ici que, si cette précaution est parfois nécessaire, l'utilisation du mot *help* relève aujourd'hui souvent d'une sorte de tic des rédacteurs anglophones, et qu'il est souvent justifié de s'en passer pour alléger la traduction sans craindre de laisser tomber une nuance importante.

Voyons l'exemple suivant, tiré d'un texte dont l'organisme ABC est l'auteur :

In another joint effort, ABC helped press for changes to Canada's legislation that will allow shipment of low-cost drugs to least developed countries.
Dans le cadre d'une autre campagne concertée, ABC a réclamé des changements à la loi canadienne qui permettra l'exportation de médicaments bon marché vers les pays les moins avancés.

Le mot *help*, ici, semble vouloir exprimer un souci d'exactitude, voire une certaine modestie (d'autant plus qu'ABC est l'auteur de la phrase). ABC a seulement *contribué* aux pressions et ne veut surtout pas en récolter tous les honneurs. Cependant, deux observations nous inciteront à conclure qu'il n'est pas nécessaire de conserver cette nuance (hypothétique) en français : 1) d'abord, cette traduction explicite mènerait à un résultat inutilement lourd (« a aussi contribué aux pressions visant à faire modifier »); 2) le fait qu'ABC n'a apporté qu'une contribution est clairement indiqué au début de la phrase (« Dans le cadre d'une autre campagne concertée »), et en réalité, l'expression **a réclamé des changements**, retenue ici, ne laisse aucunement entendre en soi qu'ABC cherche à s'arroger une exclusivité quelconque dans cette action. Ainsi, l'honneur est sauf.

Voyons maintenant un autre exemple qui nous mène un peu plus loin.

> *ABC works with partners in Latin America to help ensure that producers are paid a set minimum price that covers the cost of production.*
> **ABC travaille avec des partenaires en Amérique latine afin que les producteurs touchent un prix minimum établi qui couvre les frais de production.**

Encore une fois, ABC étant l'auteur du texte, on ne peut écarter d'emblée la « volonté de modestie ». Ainsi compris, cet emploi du mot *help* laisserait entendre que cette collaboration entre ABC et ses partenaires d'Amérique latine n'est pas le seul facteur qui assurera un prix équitable au producteur. Cependant, nous pouvons observer trois choses ici : 1) comme dans l'exemple précédent (et même dans une plus grande mesure), l'imitation de la construction anglaise serait extrêmement lourde et maladroite, voire incorrecte en français (« pour contribuer à veiller à ce que... »); 2) toujours comme dans l'exemple précédent, il faut admettre que, à strictement parler, la traduction proposée ici ne laisse pas croire non plus que cette collaboration soit le seul facteur contributif; 3) en l'occurrence, l'ensemble du texte dont est tiré cette phrase ne fait état d'aucun autre facteur, et il y a fort à parier que l'action d'ABC est à tout le moins déterminante dans l'obtention d'un prix équitable pour le producteur; c'est certainement là le message principal que l'auteur veut véhiculer par cette phrase. Autrement dit, il n'est pas certain que la nuance évoquée au début du présent paragraphe soit justifiée, ou même présente à l'esprit du rédacteur anglophone.

Cette dernière observation tendrait à confirmer notre hypothèse selon laquelle l'utilisation du mot *help* relève parfois d'un tic chez les rédacteurs anglophones. Voyons encore un exemple.

> *This debate helps acknowledge the inevitable and varying degrees of dissonance between the organization's values and its investments.*
> **Ce débat met au jour le déphasage inévitable et plus ou moins prononcé entre les valeurs d'une organisation et ses placements.**

Peut-on encore invoquer la modestie ici? Ou un souci d'exactitude? L'auteur veut-il vraiment insister sur le fait que le débat *n'est qu'un des éléments qui contribuent à mettre au jour...*? Le contexte nous permet de croire qu'il n'en est rien et que, tout en aboutissant à une traduction plus légère (donc plus claire), on ne perd rien ici en laissant tomber carrément le mot **contribue**.

Voici maintenant un bon exemple de la polyvalence insoupçonnée du mot *help*. En effet, la phrase qui suit se trouve dans un texte qui *dénonce* l'accord dont il est question, alors qu'évidemment, le mot *help* sert plus souvent à *vanter* un produit ou une action.

> *By placing restrictions on exports of generic medicine under compulsory license, the TRIPS Agreement helps ensure only countries wealthy or large enough to have local drug manufacturing capacity can make use of the compulsory license safeguard.*
> **En restreignant les exportations de médicaments génériques sous licence obligatoire, l'Accord sur les ADPIC a pour effet de réserver les bienfaits de cette disposition aux pays assez riches ou assez grands pour se doter d'usines de fabrication de médicaments.**

Concluons par quelques autres exemples inspirants où l'on peut se passer de traduire explicitement le mot *help*.

> *Further amendments are needed to Bill C-9 to ensure it truly helps saving lives in the most impoverished countries.*
> **Il reste encore des modifications à apporter au projet de loi C-9 si l'on veut qu'il sauve vraiment des vies dans les pays les plus pauvres.**

> *MSF Petition to help release Doctor Arjan Erkel...*
> **Pétition de MSF pour la libération du Dr Arjan Erkel...**

> *This fact helps to underscore the significance of the new project aimed at collaboration with ABC.*
> **Voilà qui montre bien l'importance du nouveau projet de collaboration avec ABC.**

> *ABC helps Canadian pension funds and other organizations stay informed about these emerging international trends.*
> **ABC informe les gestionnaires de caisse de retraite canadiens et d'autres organisations au sujet de ces nouvelles tendances internationales.**

Remarquons que le dernier cas consiste à fusionner, en quelque sorte, le mot *help* et son attribut *inform*. Un traducteur scrupuleux pourrait préférer traduire par **aide les gestionnaires [...] à rester informés** si cette formule lourde est indispensable dans le contexte, mais ce n'est pas forcément le cas.

c) « PUIS-JE VOUS AIDER? »

Enfin, ajoutons notre voix à celle d'autres observateurs de la langue française au Canada qui rappellent que, normalement, on aide en français quelqu'un qui est en difficulté ou qui cherche à *réussir* quelque chose. Ainsi, le Bénac définit ainsi le verbe **aider** : « Joindre ses efforts à ceux de quelqu'un *pour faciliter son succès** ». Une personne qui se présente au comptoir d'un magasin ou d'un restaurant n'a pas besoin d'*aide*. Ainsi, il est fautif de lui demander : « Puis-je vous aider? », ce qui constitue évidemment un calque de l'anglais *May I help you?* Les formules consacrées en français sont plutôt :

> **Que puis-je faire pour vous?**
> **Puis-je vous être utile?**
> **Ici Jean Tremblay, à votre service.**
> (pour un préposé qui répond au téléphone)

➢ *HIV/AIDS*

Il est fréquent en anglais d'accoler ainsi les deux sigles en les séparant d'une barre oblique. Par souci d'exactitude, il serait malaisé de ne pas traduire les deux : en effet, on sait qu'une personne peut être infectée par le VIH sans présenter encore les symptômes du sida.

Toutefois, cette solution présente un problème d'ordre pratique : puisqu'en français, l'usage ambigu et inélégant de la barre oblique est fortement déconseillé (il l'est d'ailleurs souvent en anglais aussi, mais notre propos est ailleurs), on se retrouve avec une expression qui peut finir par accuser une certaine lourdeur : **le VIH ou le sida**, ou **le VIH et le sida**.

(L'emploi du trait d'union ne serait guère plus approprié ici; il créerait une sorte de nom composé qui ne traduirait pas du tout le rapport réel qui existe entre les deux éléments. En effet, on pourrait parler par exemple d'une psychose-paranoïa, pour désigner un état qui relève à la fois de la psychose et de la paranoïa. On ne peut parler du « VIH-sida » de la même façon.)

Or, il y a lieu de croire que l'usage – peut-être justement pour cette raison – est différent en français. Autrement dit, dans le monde francophone, les rédacteurs parleront simplement du sida sans préciser explicitement qu'ils parlent aussi du VIH.

Nous parlons évidemment des textes généraux où cette distinction n'est pas fondamentale, par exemple des textes d'un organisme de prévention ou de lutte contre le sida.

Les textes français où l'on voit le double sigle « VIH/sida » sont souvent des textes traduits ou rédigés dans le giron d'organismes internationaux, où l'anglais, comme on le sait, influe fortement sur l'usage.

Malheureusement, cette proposition ne se prouve pas (ou ne pourrait se prouver qu'au prix d'une étude particulièrement fastidieuse) et découle uniquement de l'intuition et des observations empiriques de l'auteur.

Ainsi, il ne serait pas déraisonnable, en général, de traduire *HIV/aids* par **sida** tout simplement en invoquant l'usage. Mais de toute façon, on peut aussi recourir à un raisonnement par analogie pour justifier cette pratique.

En effet, quand on parle de la prévention de l'herpès, ou du traitement de la variole, on parle évidemment de mesures qui portent sur les virus correspondants et non sur la *maladie* comme telle (si tant est que la distinction entre les deux soit importante), et ce, même s'il existe toujours une période d'incubation pendant laquelle le virus est présent dans l'organisme sans provoquer aucun symptôme. Pour la même raison, le lecteur qui parcourt un texte traitant d'un programme de lutte contre le sida sait très bien qu'on vise la propagation du *virus* et les traitements qui tendent à retarder l'action du *virus*; nul besoin généralement de préciser « lutte contre le VIH et le sida ».

> *More and better aid is also needed to reverse the spread of HIV/AIDS.*
> **Il faut aussi accroître et optimiser l'aide internationale pour enrayer la propagation du sida.**
>
> *We combat HIV/AIDS, malaria and other diseases.*
> **Nous luttons contre le sida, le paludisme et d'autres maladies.**

Rappelons que le mot **sida** est dorénavant suffisamment répandu pour qu'on puisse le traiter comme un nom commun et l'écrire tout en minuscules, même s'il s'agit à l'origine d'un sigle.

➤ Voir aussi « SIDÉEN », **SIDATIQUE**.

➢ *INCLUDE*

a) LA DÉFINITION OFFICIELLE VS L'USAGE

Si on demande à un anglophone ce que signifie *include*, il répondra exactement ce qu'en dit le CALD : « *to contain something* as a part of something else*. » Ainsi, dans l'exemple suivant du CALD :

Your responsibilities will include making appointments on my behalf,

on comprend que le fait de procéder à des nominations ne constitue qu'une des fonctions de la personne en question, parmi d'autres.

Or, l'usage montre régulièrement une chose étonnante : les rédacteurs anglophones utilisent très souvent *include* pour introduire une énumération *complète* :

The first four factors are situational and include: (1) the timing of the sessions; (2) the educational and occupational backgrounds of the participants; (3) the ethnic background of the participants; and (4) participants' media habits.
Les quatre premiers facteurs, d'ordre conjoncturel, sont les suivants : 1) le moment des séances, 2) la formation et la profession des participants, 3) l'origine ethnique des participants, 4) les habitudes des participants relativement aux médias.

Comme l'illustre cet exemple, le traducteur ne doit pas hésiter dans ce cas à utiliser le mot juste, en l'occurrence simplement le verbe **être**.

Le cas échéant, la forme participiale *including*, elle, pourra se traduire par **à savoir** ou **soit** ou simplement être réduite aux deux-points :

The chemical decontamination process consists of four steps, including oxidation, reduction, dissolution and decomposition steps.
Le processus de décontamination chimique se fait en quatre étapes, à savoir l'oxydation, la réduction, la dissolution et la décomposition.

The membership exam is in three parts, including a written questionnaire, a clinical exam and an oral examination.
L'épreuve d'adhésion comporte trois volets, soit un questionnaire écrit, un examen clinique et une interrogation.

The evaluation will contain 4 sections, including Hydraulics, Drive Train, Engine and Maintenance Products.
L'évaluation comporte quatre sections : *Système hydraulique, Transmission, Moteur* et *Produits d'entretien.*

Évidemment, dans bien des situations, le traducteur ne pourra que soupçonner que l'énumération est complète. Il lui appartiendra alors de faire preuve de jugement. L'important, c'est de savoir que la chose est tout à fait possible.

Il faut remarquer, par ailleurs, que le verbe *include* est souvent accompagné d'un adjectif tel que *main* ou *major*, ce qui dispense souvent le traducteur de devoir se demander si la liste est complète ou non.

The main actors include government policy makers, business people and private sector associations.
Les principaux intervenants sont les décideurs de l'État, les gens d'affaires et les associations du secteur privé.

Major responsibilities of the Executive Director include: [...]
Les principales fonctions du directeur général sont les suivantes : [...]

Dans ce dernier exemple, il faudrait vraiment vouloir couper les cheveux en quatre pour tenir à traduire *include* par **comprennent**. Puisqu'il s'agit d'un mandat officiel, il y a tout lieu de croire que *toutes* les « principales » fonctions sont énumérées. Évidemment, on aura compris que le rédacteur se protège, en quelque sorte, par le mot *include*, car ce dernier rendra possible l'ajout ultérieur d'une tâche quelconque que l'on aurait peut-être oubliée au moment de la rédaction. Mais l'emploi du mot **principales** ne règle-t-il pas en soi la question? On énumère ici les principales fonctions du directeur général, ce qui ne signifie pas qu'il n'en ait pas d'autres. C'est pourquoi, d'ailleurs, le verbe **comprendre** fait souvent plutôt redondant lorsqu'il est couplé avec un adjectif comme **principal**.

b) *SOME... INCLUDE*

Il existe aussi une formulation fréquente en anglais qui montre bien que le mot *include* ne fonctionne pas en anglais comme le mot **comprendre** en français. Il s'agit des cas où une proposition comportant le verbe *include* commence par le mot *some* :

Some of these demands include [...].

Encore une fois, il serait redondant d'écrire en français quelque chose comme « certaines de ces exigences comprennent », compte tenu que le mot **comprend** indique déjà que la liste qui suit sera incomplète. On voit bien ici que le verbe *include* n'est ni perçu ni utilisé par les rédacteurs anglais comme le verbe **comprendre** en français.

Cette formulation caractéristique oblige le traducteur à faire un effort particulier pour trouver une tournure idiomatique. Voici quelques suggestions.

Some examples include...
On peut citer comme exemples...

Some key changes include...
Parmi les principaux changements, notons...

Some of the benefits of this strategy include...
Au nombre des avantages de cette stratégie, citons...

Some of their suggestions for parents include...
Entre autres suggestions concernant les parents, mentionnons...

Some of the potential issues include...
Parmi les problèmes potentiels, il faut compter...

Some of these demands include...
Les salariés revendiquent notamment...

Some of these excerpts include the following: [...].
Voici certains de ces extraits : [...].

Some helpful hints coming out of the meeting include the following: [...].
Le texte qui suit présente quelques conseils utiles issus de la réunion : [...].

Some of these projects for 2003 include [...].
[...] font partie des projets spéciaux de 2003.

Some appropriate answers include: [...].
Exemples de réponses valides : [...].

c) LA DIFFÉRENCE ENTRE **COMPRENDRE** ET **INCLURE**

Au traducteur ou au rédacteur qui hésite entre **comprendre** et **inclure**, on pourrait répondre tout simplement que les deux sont synonymes. En effet, dans *Le Petit Robert*, la deuxième définition d'**inclure** tient en un seul mot : « Comprendre ». On donne comme exemple : « Cette condition en inclut une autre. »

Toutefois, la première définition donne une piste intéressante pour distinguer les deux : « Mettre (qqch.) dans ». On a donc ici un sens actif : quelqu'un fait l'action d'**inclure** une chose dans une autre : « Inclure un chèque, un billet dans une lettre. [...]. J'inclus votre nom dans la liste. » La chose est encore plus intéressante quand on constate que **comprendre** et **inclure** ne sont même pas comparés dans le Bénac. En effet, l'auteur du *Dictionnaire des synonymes* met tout simplement **comprendre** dans la même famille que **comporter** et **embrasser**, alors qu'**inclure** renvoie plutôt à **introduire**, qu'on associe à des verbes comme **engager**, **enfoncer** ou **insérer**.

Encore une fois, le sens *passif* d'**inclure** n'est pas fautif, mais disons que c'est son sens *actif* qui le distingue.

Remember, it is just as important to include positive media stories as it is to include critical stories in your kit.
N'oubliez pas qu'il est tout aussi important d'inclure des reportages positifs que des reportages critiques dans votre dossier.

Ensure all program components, including administration costs, are included.
Veiller à inclure tous les éléments du programme, y compris les frais d'administration.

Par ailleurs, même dans son sens *passif*, le mot **inclure** ne sert pas à introduire une énumération en français. On utilisera plutôt **comprendre** dans ce cas, comme l'illustre l'exemple suivant du *Petit Robert* : « Le jeu comprend un filet, des balles et des raquettes. »

➢ *JURISDICTION*

a) LE PROBLÈME CLASSIQUE : **COMPÉTENCE**

Nous ne nous étendrons pas ici sur le problème classique du mot *jurisdiction* qu'il faut traduire par **compétence**. Les sources existantes ont amplement fait le tour de la question. Citons à titre de simple rappel les trois exemples proposés par le *Téléphone linguistique* de l'OQLF[79] :

L'éducation relève de la compétence des provinces.
Ces écoles sont sous l'autorité du ministère de l'Éducation.
Cette question n'est pas du ressort du ministère des Affaires sociales.

b) SUS À LA SURCORRECTION : SENS JUDICIAIRE

Dans un deuxième temps, rappelons aussi au traducteur que le mot **juridiction** est tout à fait acceptable pour désigner un tribunal ou « l'ensemble des tribunaux de même nature ou de même degré[80] ».

It would not be a good idea to let a foreign court vary a Canadian Divorce Act order.
Il ne serait pas judicieux de laisser une juridiction étrangère modifier une ordonnance rendue en application de la *Loi sur le divorce* du Canada.

---

[79] Québec, Office québécois de la langue française, *Téléphone linguistique*, sous **juridiction**, http://www.oqlf.gouv.qc.ca/ressources/bibliotheque/dictionnaires/faq/457a.html.
[80] Québec, Office québécois de la langue française, *Téléphone linguistique*, sous **juridiction**, http://www.oqlf.gouv.qc.ca/ressources/bibliotheque/dictionnaires/faq/457a.html.

> *The party who lost in the lower court can submit an Application for Leave to Appeal.*
> **La partie déboutée par une juridiction inférieure peut présenter une demande d'autorisation d'appel.**

Le *Téléphone linguistique* de l'OQLF précise qu'il ne faut pas confondre ce sens avec celui de la *compétence* du tribunal.

> *You should consider whether or not this Court has jurisdiction.*
> **Vous devez déterminer si la Cour a la compétence requise.**

L'article 469 du *Code criminel* fait la synthèse de ce qui précède :

> *469. Every court of criminal jurisdiction has jurisdiction to try an indictable offence other than [...]*
> **469. Toute cour de juridiction criminelle est compétente pour juger un acte criminel autre [...]**

Mentionnons cependant que *Le Petit Robert* reconnaît, dans le domaine judiciaire, le sens honni par l'OQLF :

> Juridiction. [...] Pouvoir de juger, de rendre la justice; étendue et limite de ce pouvoir. [...] **Juge, magistrat, tribunal qui exerce sa juridiction. Dans, hors de sa juridiction. Cela ne relève pas de sa juridiction.**

c) PROVINCES ET TERRITOIRES

Là où le traducteur s'arrache les cheveux, c'est lorsque le mot *jurisdiction* est employé comme générique pour désigner à la fois les provinces, les territoires et l'administration fédérale. Il y a même des cas où le mot peut englober les autres pays, ainsi que leurs subdivisions politiques, par exemple les États des États-Unis.

Commençons par le cas le plus simple, celui où le mot désigne les provinces et les territoires. Une des solutions les plus usitées consiste évidemment à utiliser carrément les deux mots; on peut alors omettre l'article devant le second élément pour alléger le texte et faire ressortir le caractère unitaire des deux réalités.

> *Financial information is provided to Canada by each jurisdiction on an annual basis.*
> **Chaque province ou territoire transmet au Canada ses informations financières annuellement.**

> *Jurisdictions could be unwilling to support federal priorities.*
> **Les provinces et territoires pourraient refuser d'adhérer aux priorités fédérales.**

Comme si la lourdeur entraînée par cette traduction ne suffisait pas, il faut que les deux mots ne soient pas du même genre, ce qui complique les choses quand l'expression est précédée d'un déterminant comme *all* :

> *The work of the Agency will be carried out in all jurisdictions through its regional offices.*

Optera-t-on pour le lourd **dans toutes les provinces et tous les territoires** ou pour l'inélégant et incongru **dans tous les territoires et provinces**? Parfois, on pourra s'en sortir avec la solution suivante, plutôt longue, mais qui se lit bien :

> **L'Agence mènera ses activités dans l'ensemble des provinces et territoires par l'entremise de ses bureaux régionaux.**

D'autres fois, la solution lourde sera difficilement évitable :

> *This program currently exists in all jurisdictions except New Brunswick and Prince Edward Island.*
> **Ce programme existe actuellement dans tous les territoires et toutes les provinces sauf le Nouveau-Brunswick et l'Île-du-Prince-Édouard.**

Évidemment, si le contexte est assez clair, on pourra couper au plus court comme ceci :

> *This program currently exists in all jurisdictions except New Brunswick.*
> **Ce programme existe actuellement partout sauf au Nouveau-Brunswick.**

À noter cependant que, comme nous l'avons vu dans l'article portant sur *all*[81], il n'est pas toujours obligatoire de traduire ce dernier mot :

> *For future agreements, overhead expenditures should be re-examined, negotiated with all jurisdictions and fully described in the body of the agreement, instead of the annexes.*
> **Pour les prochaines ententes, il y aurait lieu de revoir la question des frais généraux, de négocier cette question avec les provinces et territoires et d'en décrire la nature dans le corps de l'entente et non dans les annexes.**

[81] Voir la rubrique *ALL*.

Cette licence est d'autant plus justifiée ici qu'elle permet d'alléger sensiblement la traduction.

Par ailleurs, le traducteur pourrait très bien se rendre compte que, dans son contexte, le mot *jurisdiction* ne comprend que des provinces et non des territoires. Il pourra alors allégrement faire l'économie de ce dernier mot. Il est aussi fréquent que l'inclusion des territoires dans la notion de *jurisdiction* demeure théoriquement possible, mais négligeable en pratique. Le cas échéant, le traducteur pourrait se contenter d'utiliser le mot **province**, surtout s'il a remarqué, comme on le voit souvent, que le rédacteur anglais a effectivement utilisé le mot *provinces* dans des contextes semblables à ceux où il a employé *jurisdictions*, sans trop se soucier d'inclure explicitement les territoires.

d) ADMINISTRATION, GOUVERNEMENT, AUTORITÉ

Le mot **administration** peut parfois servir de générique aussi pratique que *jurisdiction*. Il faut toutefois s'assurer que l'on parle bel et bien de l'« ensemble indifférencié des services publics et de leurs agents relevant de l'État » (GDT), autrement dit, de la fonction publique et des services qu'elle anime. C'est souvent le cas quand le mot *jurisdiction* comprend, en plus des administrations provinciales et territoriales, l'administration fédérale.

> *Some jurisdictions already have access to our data bases.*
> **Certaines administrations peuvent déjà consulter nos fichiers.**

> *Discussions continue with other jurisdictions considering the implementation of a similar program.*
> **Les discussions se poursuivent avec d'autres administrations qui envisagent la mise en œuvre d'un programme similaire.**

> *We assume that jurisdictions will pay all costs associated with having their officers participate in the training.*
> **Nous supposons que les administrations assumeront tous les coûts de formation de leurs fonctionnaires.**

En parallèle, le mot **gouvernement** peut aussi parfois faire l'affaire :

> *For example, doubt that general privacy laws afford sufficient protection has led some jurisdictions to enact explicit genetic privacy laws.*
> **Ainsi, certains gouvernements ont adopté des lois traitant spécifiquement de la protection des données génétiques personnelles, craignant que leurs lois générales sur la protection de la vie privée n'offrent pas une protection suffisante.**

Dans la même veine, il y a également le mot **autorités**, encore une fois si le contexte le permet.

> *There will be one global agreement with provincial and territorial jurisdictions to cover both civil and criminal legal aid.*
> **On conclura un accord global avec les autorités provinciales et territoriales pour couvrir l'aide juridique à la fois en matière pénale et en matière civile.**

Il existe un autre terme générique auquel on ne pense pas spontanément et qui pourrait convenir dans certains des cas précités : le mot **État**, dont nous traiterons dans un contexte élargi à la section suivante.

➤ Voir aussi *GOVERNMENT.*

e) AUTRES PAYS

La traduction du mot *jurisdiction* se corse encore davantage si, en plus des provinces, des territoires et des autorités fédérales, il est susceptible de désigner des pays étrangers, voire des subdivisions politiques de ces pays, comme les États des États-Unis.

Encore une fois, le contexte éclairera (parfois) le traducteur et pourra l'autoriser, par exemple, dans certains cas, à s'en tenir au mot **pays** :

> *This plan has been implemented in other jurisdictions (such as the UK).*
> **Ce régime a été instauré dans d'autres pays (notamment au Royaume-Uni).**

> *There are serious concerns that Canadians may risk becoming subject to non-Canadian laws based on a cooperation request from another jurisdiction.*
> **On craint sérieusement que les Canadiens ne tombent sous le coup de lois étrangères à la suite d'une demande de collaboration émanant d'un autre pays.**

Sinon, on pourra se rabattre sur l'énumération classique, soit **provinces et territoires**, à laquelle on ajoutera le mot **État**. C'est ce que fait le Québec dans sa *Loi sur l'exécution réciproque d'ordonnances alimentaires* :

> **1. Le jugement rendu dans un état, une province ou un territoire désigné suivant l'article 10, portant condamnation à des aliments, peut être exécuté au Québec conformément aux conditions et formalités prescrites par la présente loi[82].**

[82] L.R.Q. E-19, art. 1. Notons que le mot **état** devrait s'écrire avec une majuscule ici.

L'énumération à trois éléments est conservée telle quelle tout au long de la *Loi*.

À ce propos, il est intéressant d'aller voir comment les autres provinces ont rendu cette même notion dans leurs lois équivalentes (qui sont très semblables les unes aux autres).

Ainsi pour traduire *reciprocating jurisdiction*, l'Ontario a choisi **autorité pratiquant la réciprocité**[83], faisant en cela écho à nos propos antérieurs.

Quant au Manitoba et au Nouveau-Brunswick, ils emploient un raccourci qui fait soudainement penser à l'œuf de Christophe Colomb, soit **État pratiquant la réciprocité**, ainsi défini :

> État, province ou territoire qui, selon les règlements pris en vertu du paragraphe 43(1), pratique la réciprocité[84].

Le mot **État** pourrait-il désigner une province? Non seulement il pourrait, mais Dagenais soutient que le mot **province** constitue une désignation erronée compte tenu du régime politique du Canada :

> En termes de politique, **province** n'a d'autre sens que celui de « division territoriale où l'autorité est exercée par un délégué du pouvoir central[85] ». Les gouvernements des territoires organisés qui composent le Canada n'administrent pas les affaires publiques par délégation. Leur pouvoir est souverain dans tous les domaines qui leur sont propres. Ces territoires sont constitués en États fédérés. [...] Dans tous les cas où il n'est pas essentiel de suivre le vocabulaire actuel de l'Acte de l'Amérique du Nord britannique [...], il ne faut pas dire **la « province » du Québec** ou **la « province » du Saskatchewan** [...], mais **l'État du Québec**, **l'État du Saskatchewan**, etc.[86]

---

[83] Ontario, *Loi de 2002 sur les ordonnances alimentaires d'exécution réciproque*, L.O. 2002, ch. 13.

[84] Manitoba, *Loi sur l'établissement et l'exécution réciproque des ordonnances alimentaires*, C.P.L.M. ch. I60. Dans la *Loi sur l'établissement et l'exécution réciproque des ordonnances de soutien* du Nouveau-Brunswick, ch. I-12.05, la définition est presque identique : « "État pratiquant la réciprocité" signifie un État, une province ou un territoire qui est désigné par règlement comme État pratiquant la réciprocité. »

[85] Notons qu'avant la Confédération de 1867, on parlait effectivement de la « province du Canada ».

[86] Gérard DAGENAIS, *Dictionnaire des difficultés de la langue française au Canada*, Montréal, Pedagogia, 1967, sous **province**. À l'article **Saskatchewan**, Dagenais justifie ainsi son emploi du masculin : « Retenir qu'un nom de fleuve, de rivière ou de pays qui se termine par une consonne est masculin. [...] En dépit de la mauvaise habitude acquise, il faudrait dire **le Saskatchewan** [...]. »

C'est ainsi qu'un Louis-Gilles Francœur a pu écrire, dans *Le Devoir* des 5 et 6 mars 2005 :

> [...] le Vermont s'est hissé en quatre ans en tête de liste des États les plus performants de l'Amérique du Nord en matière d'efficacité énergétique [...][87].

Il est évident que le mot **État** s'entend ici à la fois des États de nos voisins du Sud et des provinces canadiennes, et peut-être même des États mexicains. Cet emploi du mot **État** ne semble même pas incongru.

Par ailleurs, les provinces canadiennes n'ont-elles pas toutes des *sociétés d'État*?

Notons qu'à strictement parler, les trois territoires canadiens ne sont pas conformes à la définition du mot **État** exposée par Dagenais. C'est sans doute une des raisons pour lesquelles les législateurs manitobains et néo-brunswickois ont cru bon de définir le terme. Il n'est pas interdit au traducteur de les imiter, au moyen d'une note ou d'une parenthèse, s'il juge que cette solution pourrait convenir, surtout dans un document volumineux.

f) TERRITOIRE

Enfin, il arrive que le mot *jurisdiction* désigne carrément le territoire géographique. Par conséquent, le mot **territoire** conviendrait à merveille, s'il ne risquait de créer une confusion avec le mot **territoire** par opposition à **province**. Il y a toutefois des cas où le contexte le permet. Dans les autres cas, un synonyme peut parfois être utilisé.

> *Some jurisdictions have the ability to use its garnishee summons outside of their jurisdiction.*
> **Certaines administrations peuvent faire appliquer un bref de saisie-arrêt hors de leur territoire.**
>
> *We are currently renewing financial agreements with the provinces involved in administering the program in their jurisdictions.*
> **Nous sommes à renouveler les ententes financières conclues avec les provinces qui administrent le programme sur leur territoire.**
>
> *The debtor resides in a jurisdiction designated by the Québec government.*
> **Le débiteur réside dans un endroit désigné par le gouvernement du Québec.**

87 Louis-Gilles FRANCŒUR, « Le Vermont à contre-courant de l'Amérique énergivore », *Le Devoir*, édition du samedi 5 et du dimanche 6 mars 2005, p. A1.

➢ *KEY*

Le Petit Robert confirme certes qu'en français, le mot **clé** peut être utilisé en apposition pour signifier « qui est très important » : **des positions-clés**, **un poste-clé**. Il peut aussi, comme simple nom, désigner « ce qui donne accès » (**L'algèbre est la clé des autres sciences**) ou « ce qui explique » (**la clé du mystère**).

En anglais, le mot *key* est utilisé avec à peu près les mêmes sens, mais deux observations s'imposent. Premièrement, sa fréquence est beaucoup plus grande dans la langue de Shakespeare que celle de son équivalent dans la langue de Molière, au point qu'elle y relève parfois presque du tic. Deuxièmement, son champ sémantique est tout de même plus large que celui de **clé** en français.

En effet, remarquons que la définition de **clé** en apposition trouvée dans *Le Petit Robert* est plus exactement la suivante : « qui est important, *dont le reste dépend** ». Ce deuxième élément ne constitue pas un sens distinct du premier : les deux définissent ensemble le sens de **clé** en apposition. Les exemples donnés par *Le Petit Robert* illustrent bien ce concept : « **Industrie clé**, de laquelle dépendent beaucoup d'autres industries. **Un témoin-clé** » (dont dépend, peut-on présumer, l'issue du procès). Une chose dont en dépendent d'autres est certes *importante*, et on peut jouer jusqu'à un certain point sur les extensions de sens qu'autorise cette déduction (voir plus loin les cas ambigus), mais il demeure que le traducteur qui traduirait systématiquement *key* par **clé** arriverait souvent à des résultats sinon fautifs ou très maladroits, du moins peu idiomatiques.

Ainsi, serait-il vraiment idiomatique de parler du ou des « message(s) clé(s) » d'une campagne de publicité ou de relations publiques? Ne serait-il pas préférable d'employer **message central**, **message pivot**, **message(s) essentiel(s)**, **idée(s)-force**, **idée(s) maîtresse(s)**, **messages principaux** ou **grand(s) message(s)**?

> *Is there compelling data and evidence to support <u>the key message</u> that you will convey in your story?*
> **Existe-t-il des données et des preuves solides pouvant appuyer <u>le message central</u> de votre récit?**

> *Given the importance of communicating with the Canadian public, the role of the media must be assessed and accessed for <u>the key messages</u> we would wish to relay.*
> **Compte tenu de l'importance de communiquer avec la population canadienne, il faut se pencher sur le rôle des médias et transmettre à ces derniers <u>les grands messages</u> que nous voulons diffuser.**

Il y a même des cas où le possessif peut être assez fort pour rendre à lui tout seul l'idée de « message central » :

> *ABC pursues this goal of public engagement through enthusiastic volunteers who deliver key messages to four key audiences : engineering students, professional engineers, high school students and the general public.*
> **ABC poursuit cet objectif de mobilisation du public grâce à des bénévoles enthousiastes qui livrent ses messages à quatre clientèles cibles : les étudiants en génie, les ingénieurs, les élèves du secondaire et le grand public.**

Voyons maintenant quelques autres exemples pour nous inspirer :

key areas	**principaux secteurs**, **principaux domaines**, **secteurs clés** (selon le sens : voir plus loin)
key audiences	**clientèles cibles**
key commitment	**engagement central**
key commitments	**grands engagements**
key element	**élément fondamental**
key ideas	**idées maîtresses**
key institutions	**grandes institutions**
key issues	**enjeux déterminants**, **grands enjeux**
key critical issues	**questions névralgiques**
key findings	**grands constats**, **principaux constats**, **faits saillants**
key messages and recommendations	**messages essentiels et recommandations**, **messages essentiels et principales recommandations** (si l'on juge que le mot *key* s'applique aux deux substantifs)
key objective	**objectif central**, **objectif principal**
key objectives	**grands objectifs**
key outcomes	**principaux résultats** (vus a posteriori)
key results	**résultats fondamentaux**, **résultats décisifs** (vus comme objectifs ou comme éléments d'un projet)
key role	**rôle essentiel**, **rôle pivot**, **rôle clé** (selon le sens : voir plus loin)
key strategies	**grandes stratégies**
choices made at key times	**choix effectués à certains moments cruciaux**

The gender aspects of conflict are a key area of focus for the human security agenda.
La dimension sexospécifique des conflits revêt une importance prioritaire dans le programme de sécurité humaine.

Human rights should be a key part of negotiations.
Les droits de la personne doivent être au cœur des négociations.

We should consult community organizations as key stakeholders in social development.
Il faut consulter les organismes communautaires en tant qu'acteurs privilégiés du développement social.

On remarquera que l'adjectif **grand** revient souvent comme suggestion. Notons qu'il n'y a pas lieu de craindre d'utiliser ici ce mot du fait qu'il aurait l'air plus général ou moins fort que *key*, qui paraît plus précis ou plus « concentré ». En effet, comme le font remarquer Vinay et Darbelnet : « Des adjectifs très courants peuvent prendre un sens très technique. Ils sont généralement antéposés et forment avec le nom qu'ils qualifient une unité de traduction. C'est le cas entre autres de **grand**, **long**, **petit** [...][88]. » Vinay et Darbelnet donnent les exemples suivants : **le grand film** / *the feature*, **les grandes lignes** / *the outline*. Les autres exemples classiques sont **grand ensemble** / *residential estate* (H's) et **grand magasin** / *department store*. Les traducteurs seraient bien avisés de s'inspirer plus souvent de ces observations de VD. Bien qu'elles ne s'appliquent pas strictement aux exemples donnés ci-dessus, car ceux-ci ne constituent pas nécessairement des « unités de traduction », elles légitiment néanmoins une utilisation de **grand** qui n'aurait pas d'équivalents aussi directs que *great*, *big* ou *large* en anglais.

Le fait que le mot *key* relève parfois du tic est bien illustré par la phrase suivante, tirée d'un document de l'Union européenne :

The strategy [...] will focus on few but essential key messages.
Cette stratégie [...] se concentrera sur quelques messages essentiels.

La traduction donnée ici est bel et bien celle du document officiel de l'UE. (Dans les exemples donnés plus haut, la traduction de *key critical issues* par **questions névralgiques** relève peut-être du même phénomène.)

[88] Jean-Paul VINAY et Jean DARBELNET, *Stylistique comparée du français et de l'anglais*, Montréal, Beauchemin, 1977, p. 66.

Du même souffle et pour les mêmes raisons, ajoutons qu'il y a des situations où le mot *key* en apposition n'a carrément pas besoin d'être traduit. Voici quatre exemples commentés par la suite.

> *It includes undertaking lobbying and advocacy with elected and other key government officials and having access to key decision-makers.*
> **Ce champ d'action comprend des activités de lobbying et de revendication auprès des élus et des hauts fonctionnaires et nécessite un accès aux décideurs.**
>
> *Participants identified the following four key areas of emphasis for the project.*
> **Les participants ont établi les quatre priorités suivantes pour le projet.**
>
> *Future stalling and collapse at different key points is still possible.*
> **Plusieurs questions peuvent encore donner lieu à des impasses et à un échec [des négociations].**
>
> *Approximately 10 key informants were consulted for the study.*
> **Nous avons interrogé une dizaine d'informateurs dans le cadre de l'étude.**

Ironiquement, dans le premier exemple, il s'agit de deux sens où le mot **clé** aurait été approprié en français. En effet, l'auteur veut dire ici « les hauts fonctionnaires et les décideurs occupant des positions clés (ou des postes clés) », c'est-à-dire qui sont en position de faire bouger des choses. Cependant, il est évident que cette précision alourdirait inutilement la phrase, car ce sens est implicite dans les mots **hauts fonctionnaires** et **décideurs**. Par ailleurs, il va de soi qu'une traduction comme « décideurs clés » serait impensable.

Dans le même ordre d'idées, pour le deuxième exemple, on constate tout de suite que le mot **clé** serait redondant avec le substantif **priorités**.

Enfin, dans le quatrième exemple, notons que, dans l'étude en question, il n'y avait pas deux types d'informateurs, soit des plus importants et des moins importants. Le mot *key* signifie seulement ici qu'on a choisi des personnes importantes, qui occupent des positions clés, un peu comme dans le premier exemple. À moins que le contexte ne puisse laisser entendre autre chose ou que ce détail soit déterminant (par exemple, si l'auteur était en train de répondre à des critiques), il est préférable de laisser cet élément implicite. D'ailleurs, la chose passe tellement bien implicitement qu'on pourrait aller jusqu'à dire qu'une traduction explicite risquerait de créer des ambiguïtés : y aurait-il deux catégories d'informateurs dans l'étude? (À notre humble avis, on pourrait souvent suivre un raisonnement semblable pour *key partners* dans la plupart des cas, sauf que la situation est généralement plus délicate avec ce terme, car il est d'usage pour les auteurs de valoriser volontairement leurs partenaires. Puisque la traduction de *key* dans ce dernier cas ne cause cette fois ni ambiguïté ni maladresse, comme nous le verrons plus loin, il n'y a généralement pas lieu d'hésiter.)

Après avoir vu les pièges, penchons-nous sur les (rares) cas où le mot **clé** en apposition serait justifié.

> *[...] five key areas to maximize progress towards the elimination of poverty.*
> **[...] cinq domaines clés susceptibles de maximiser les progrès vers l'élimination de la pauvreté.**
>
> *They are seen as key elements of good development practice.*
> **On les considère comme les éléments clés d'une saine pratique en matière de développement.**

Ici, il s'agit vraiment de domaines qui sont vus comme des *instruments*, comme une *clé* pour maximiser les progrès. D'ailleurs, on pourrait aussi traduire la seconde phrase comme suit :

> **On les considère comme à la clé / comme la clé d'une saine pratique en matière de développement.**

Pour illustrer plus avant ce propos, voici deux exemples où *key* figure deux fois dans la même phrase et est correctement traduit par **clé** à la première occurrence, mais ne le serait pas à la seconde :

> *[...] but too often preventive analysis fails to take key factors into account, misses key warning signs, or misreads the problem.*
> **[...] or, trop souvent, l'analyse préventive ne prend pas en compte certains facteurs clés, néglige certains signes avant-coureurs décisifs ou mène à des interprétations erronées.**
>
> *The Consultative Committee will continue to serve as a key mechanism to address trade issues in partnership with the provinces and key stakeholders.*
> **Le Comité consultatif continuera de jouer un rôle clé dans l'examen des questions relatives au commerce, de concert avec les provinces et les principaux intéressés.**

Enfin, comme toujours, il y a les cas ambigus. Que faire de *key partners*? On peut toujours arguer qu'il s'agit de *partenaires clés* parce qu'ils jouent un rôle instrumental (un rôle de *clé*) en donnant accès à certaines ressources ou compétences. Il n'empêche qu'à moins de contextes bien particuliers (que nous avons rarement rencontrés), il est généralement préférable d'opter pour les termes

principaux partenaires ou **grands partenaires**, voire pour l'implicitation du mot *key* (voir plus haut).

Les *key markets* pourraient être des *marchés clés* si on considère qu'ils permettent d'accéder à des marchés plus grands. Mais ils sont généralement considérés pour eux-mêmes. Par exemple, la plupart du temps, quand on parle des *key Asian markets*, il s'agit simplement de *grands* (ou *principaux*) *marchés asiatiques*. N'oublions pas que si on dit, par exemple, qu'Istanbul est la clé de l'Orient, c'est qu'on voit plus loin qu'Istanbul.

Pour conclure, après ces nombreux cas d'usage de *key* en apposition, voyons en vrac quelques cas où il est utilisé comme attribut. Le dernier seulement permet d'utiliser le mot **clé** en français.

> *Many of the people interviewed were clear that accreditation should not be limited to an academic diploma, but should include mentoring and ongoing supervision, the latter being seen as key.*
> **Beaucoup de personnes interrogées ont dit clairement que l'accréditation ne doit pas nécessiter uniquement des cours en classe : elle doit aussi comprendre un programme de mentorat ainsi qu'un encadrement permanent, ce dernier aspect étant considéré comme essentiel/indispensable.**

> *Boosting the productive capacity of small farmers is key as we have seen.*
> **Comme nous l'avons vu, la solution consiste plutôt à augmenter la capacité de production des petits producteurs agricoles.**

> *You are our most important resource – as I've said in the past, people are the key.*
> **Vous représentez notre ressource la plus importante; je l'ai dit et je le répète : nos employés sont d'une importance capitale.**

> *Initiatives that create space for Canadians to reflect on their connection to global issues, are key to making sustainable development a reality.*
> **Le développement durable passe par des initiatives qui offrent aux Canadiens et aux Canadiennes un lieu de réflexion sur leur rapport aux réalités mondiales.**

> *The bill introduces definitions of "organization," "senior officer" and "representative" that are key to the other changes.*
> **Le projet de loi introduit des définitions d'*organisation*, de *cadre supérieur* et d'*agent* qui circonscrivent la portée des autres changements.**

Our communities, our towns, our cities are key to our social goals and our economic competitiveness.
Nos collectivités, nos villes, nos municipalités jouent un rôle vital dans nos objectifs sociaux et notre compétitivité économique.

Local partners are key to being successful in Cambodia.
Pour réussir au Cambodge, il est essentiel d'avoir l'appui de partenaires sur place.

[...] an issue which is key to both stakeholders.
[...] un dossier d'intérêt majeur pour les deux parties.

But the terms, as well as the timing, of integration and openness to external markets are key.
Mais la clé, ce sont les conditions de l'intégration et de l'ouverture aux marchés extérieurs, ainsi que leur cadence.

➢ *LEVEL*

a) AU NIVEAU DE

Les traducteurs se sont fait servir tellement de mises en garde contre l'expression **au niveau de** que beaucoup ont hérité d'une phobie tous azimuts du mot **niveau** en soi.

Rappelons d'abord, comme le précise le Multi, qu'**au niveau de** est tout à fait acceptable dans les sens d'« à la même hauteur que », « à la portée de » et « à l'échelon de ». Exemples tirés du *Petit Robert* :

Appartement au niveau du sol.
Arrivé au niveau du groupe, il ralentit le pas.
Chercheur qui se met au niveau du grand public.
Au niveau de la commune, de l'électeur, de l'acheteur.

Le dernier exemple est celui qui nous amène sur un terrain glissant. Ainsi, on pourra dire **au niveau de l'acheteur** si on inclut celui-ci dans une sorte de hiérarchie comprenant, au-dessus (ou en amont) de l'acheteur, le détaillant, le grossiste et le producteur. Par contre, il serait erroné de dire « Le vendeur qui ment constamment risque d'avoir un jour des problèmes au niveau de l'acheteur ».

Dans cette logique, on pourrait facilement réhabiliter une expression comme **au niveau national**, classée parmi les emplois critiqués par *Le Petit Robert*.

En effet, tant que le *niveau national* s'oppose au *niveau international* ou au *niveau régional*, la locution ne devrait pas poser de problème.

En revanche, le second cas d'emploi présenté comme critiqué dans *Le Petit Robert* tombe indiscutablement dans une autre catégorie : « Problèmes au niveau des finances ». Ici, on optera allégrement pour une des expressions proposées comme solutions par le Multi : **en matière de**, **à propos de**, **dans le domaine de**, **en ce qui concerne**, **du point de vue de**, **sur le plan de**, etc.

Par ailleurs, notons que, pour être légitime, l'emploi du mot **niveau** doit dénoter une hiérarchie, ce qui n'est pas toujours le cas en anglais. Voyons l'exemple suivant :

> *Reports are available at the sectoral, regional and client department levels to the Department management staff.*
> **Le personnel de gestion du Ministère peut obtenir des rapports portant sur un secteur, une région ou un ministère client.**

Ici, les trois sujets de rapport n'ont pas de lien hiérarchique entre eux comme si on avait dit, par exemple, **au niveau du ministère, d'un secteur ou d'une direction générale**.

b) Syntagmes particuliers

Pour dégonfler encore un peu plus le tabou, rappelons par ailleurs qu'il est correct de traduire *service level* par **niveau de service**, ainsi défini dans le *Vocabulaire de la prestation de services* de l'OQLF : « Degré de l'importance relative du service assuré aux usagers ou à la clientèle à l'occasion d'une prestation[89]. »

De même, on peut sans problème traduire *funding level* par **niveau de financement** ou **niveau de capitalisation**, selon le contexte (*Termium*).

Ces emplois du mot **niveau** s'accordent avec la définition suivante du *Petit Robert* : « Échelon atteint par une grandeur, par rapport à une base de référence relative à cette grandeur », à laquelle correspondent en outre d'autres syntagmes comme **niveau de pollution**, **niveau de pression acoustique** ou même **niveau des salaires** (PRob).

[89] Micheline LAPOINTE-GIGUÈRE et Yolande PERRON, *Vocabulaire de la prestation de services*, Office québécois de la langue française, 2004.

c) *GOVERNMENT LEVEL*

Le cas de *government level* est particulier. En effet, dans une fédération comme le Canada, contrairement à une croyance populaire, les gouvernements provinciaux ne sont pas subordonnés au gouvernement fédéral. Chacun a tout simplement des pouvoirs différents. Par conséquent, il serait erroné de parler de « niveau de gouvernement ». On traduit plutôt alors par **ordres de gouvernement**.

À noter que cette observation, à strictement parler, ne vaut pas pour le municipal par rapport au provincial, car les municipalités sont bel et bien subordonnées au gouvernement provincial. Néanmoins, des sources dignes de foi comme l'OQLF font fi de cette nuance, comme en témoigne l'exemple suivant :

> **Ce point sera discuté aux trois ordres de gouvernement, municipal, provincial et fédéral[90].**

Cette pratique, avouons-le, simplifie les choses considérablement[91]. Cela dit, pour les mêmes raisons, on évitera « palier de gouvernement » et « échelon de gouvernement ».

➤ Voir aussi *GOVERNMENT*.

d) AUTRE CAS D'EXCEPTION : LE SECTEUR SCOLAIRE

L'OQLF nous rappelle enfin que l'emploi du terme **niveau** est aussi à éviter au sens de « classe » et d'« ordre d'enseignement », illustrant son propos entre autres par l'exemple suivant :

> **Au Québec, les <u>ordres</u> d'enseignement sont : l'enseignement primaire, l'enseignement secondaire, l'enseignement collégial et l'enseignement universitaire[92].**

Au sujet de **classe**, citons un extrait de l'avis de normalisation de l'OQLF :

> Nom officiel des classes : Enseignement primaire : première année du primaire, deuxième année du primaire, troisième année du

---

90 Québec, Office québécois de la langue française, *Téléphone linguistique*, sous **niveau**, http://www.oqlf.gouv.qc.ca/ressources/bibliotheque/dictionnaires/faq/497a.html.

91 Au sujet de l'expression **gouvernement municipal**, cependant, voir la rubrique *GOVERNMENT* du présent ouvrage.

92 Québec, Office québécois de la langue française, *Téléphone linguistique*, sous **niveau**, http://www.oqlf.gouv.qc.ca/ressources/bibliotheque/dictionnaires/faq/497a.html.

primaire, [...]. Enseignement secondaire : première année du secondaire, deuxième année du secondaire, [...]. Il ne faut pas employer « niveau » ni « degré » pour désigner une classe[93].

➢ *MAINTAIN, MAINTENANCE*

a) Maintain

Les verbes **maintenir** et **entretenir** viennent tout de suite à l'esprit quant on veut traduire *maintain*. Ils conviennent effectivement dans certains contextes :

> *The appellant had wished to maintain his appeal.*
> **L'appelant désirait maintenir son appel.**

> *We should maintain our relationships with financial institutions.*
> **Nous devrions maintenir nos relations avec les établissements financiers.**

> *We also receive credit to maintain and improve our farms.*
> **Nous avons aussi un crédit pour entretenir et améliorer nos fermes.**

Il existe toutefois nombre de contextes où ces verbes ne conviennent pas et où on leur préférera **tenir**, **tenir à jour** et **s'occuper de** :

> *The Bureau shall maintain statistics relating to pay equity.*
> **Le Bureau tient des statistiques concernant l'équité salariale.**

> *This list is maintained by the federal government.*
> **Il s'agit d'une liste tenue par le gouvernement fédéral.**

> *He and his colleagues maintain a detailed database on Canada's largest corporations.*
> **Ses collègues et lui tiennent une base de données détaillée sur les plus grandes sociétés canadiennes.**

> *The Association will develop and maintain the Web site, with the collaboration of youth organizations.*
> **L'Association créera le site Web et le tiendra à jour, de concert avec les organismes jeunesse du Canada.**

---

93 Québec, Office québécois de la langue française, *Normalisation – Avis terminologiques*, sous **classe**, http://www.olf.gouv.qc.ca/ressources/bibliotheque/officialisation/terminologique/fiches/1199766.html (avis terminologique n° 353, publié officiellement en 1982).

The Program Officer maintains the database in the regional office.
L'agent de programme s'occupe de la base de données du bureau régional.

The Human Resources Division will maintain the common folder.
La Direction des ressources humaines s'occupe du dossier commun.

b) *MAINTENANCE*

Voici maintenant, dans le même ordre d'idées, quelques traductions pour le nom *maintenance.*

Each office should put in place a clear policy concerning the maintenance of the address list.
Chaque bureau doit adopter une politique claire concernant la tenue de la liste des adresses.

One objective is to ensure continuous enhancement and maintenance of the training materials.
Un des objectifs consiste à assurer l'amélioration et la mise à jour permanentes des documents de formation.

Our responsibilities include the development and maintenance of Memorandums of Understanding with clients.
Nos fonctions comprennent la rédaction et la révision périodique de protocoles d'entente à signer avec les clients.

➢ MAJUSCULES

Le traducteur chevronné est habitué à faire fi des majuscules qu'il trouve dans les textes anglais, réservant les majuscules aux noms propres et aux titres de documents en français.

Il arrive cependant que les majuscules en anglais permettent une mise en relief, que l'on perd en français si on les élimine. On pourrait alors remédier à cette lacune en « transformant » les majuscules en guillemets.

Canada should allocate resources according to its commitment to the Responsibility to Protect, working closely with the international community and the United Nations.
Le Canada devrait affecter des ressources à des mesures donnant suite à ses engagements en ce qui concerne la « responsabilité de protéger », en étroite collaboration avec la communauté internationale et les Nations Unies.

The significance of kicking off a Development Round with special new flexibilities being made available to wealthy countries only is problematic.
Cette façon d'inaugurer un « cycle du développement » [négociations de l'OMC] en accroissant la marge de manœuvre des pays riches seulement laisse perplexe.

The Tea Act, *the Tea Party, the Intolerable Acts and the First Continental Congress had created a political tide that could not be avoided.*
Le *Tea Act*, le *Tea Party*, les « lois intolérables » et le Premier Congrès continental avaient créé une vague politique qui ne pouvait plus être évitée.

Another example which frequently arises is an Application for extension of time, i.e., when a party misses a Court deadline for filing documents, the party may apply for an extension of time to file the documents.
Un autre type fréquent de requête, la « requête en prorogation de délai », est présentée par une partie qui n'a pas respecté une échéance pour le dépôt d'une document. La partie demande alors qu'on lui accorde un délai supplémentaire.

The concept of Special Products (SP), put forward by developing countries before Cancun, has been retained.
La notion de « produits spéciaux » (PS), proposée par les pays en développement avant Cancún, a été retenue.

The third ideal type (the Lawyer as Friend) reconceives the traditional role of the lawyer further.
Le troisième type idéal (« l'avocat-ami ») redéfinit encore plus en profondeur le rôle traditionnel de l'avocat.

Cette proposition ne saurait évidemment justifier l'utilisation systématique des guillemets chaque fois qu'on trouve des majuscules en anglais. Voyons un peu, à l'aide des six exemples qui précèdent, quelles circonstances justifient le recours à cette technique.

Dans le premier exemple, on fait référence au titre d'un rapport de la Commission internationale de l'intervention et de la souveraineté. Cependant, on ne parle pas du document comme tel, donc majuscules et italiques n'auraient pas été justifiés. Toutefois, l'auteur anglais a tenu à signaler par un moyen typographique qu'il s'agissait d'une allusion, et les guillemets permettent au traducteur de faire la même chose pour son lecteur.

Dans le deuxième exemple, le « cycle du développement » est une sorte de surnom, ou de nom descriptif, du cycle de négociations de Doha de l'OMC.

Il ne s'agit pas du nom officiel. En temps normal, on l'écrit simplement en minuscules et sans guillemets; mais ici, l'auteur utilise les majuscules pour mettre en relief le paradoxe entre cette appellation et la teneur de ce cycle. Les guillemets peuvent parfaitement jouer ce rôle en français.

Dans le troisième exemple, on parle d'abord d'une loi que l'on nomme par son titre officiel et qui appelle donc les majuscules et l'italique (*Tea Act*), ensuite d'un événement historique que le traducteur a choisi de transcrire en italique parce qu'il s'agit de mots étrangers (*Tea Party*), puis d'un ensemble de lois que les colons de l'époque avaient baptisées *Intolerable Acts*, sans qu'il s'agisse évidemment de leur appellation officielle. Ici, le traducteur est coincé : ni les italiques ni les majuscules ne conviennent. Encore une fois, les guillemets viennent à sa rescousse, alors que pour le quatrième élément d'énumération (*First Continental Congress*), il lui est possible de revenir à la majuscule initiale simplement parce qu'il s'agit d'un événement historique, dont il aura traduit l'appellation, autorisé en cela par l'usage.

Les trois derniers exemples sont plus typiques des situations où le traducteur choisira de troquer les majuscules contre des guillemets. Il s'agit de cas où l'auteur présente expressément une notion nouvelle. Dans le premier de ces trois exemples, il s'apprête à définir la requête en prorogation de délai. Puisqu'il ne s'agit pas d'un nom de document, la majuscule ne serait pas justifiée en français. L'auteur anglais a simplement utilisé la majuscule pour annoncer qu'il présentait une appellation à retenir. Encore une fois, c'est exactement le rôle des guillemets en français. Dans un autre contexte (voire dans les occurrences suivantes du même texte), les minuscules auraient été de mise en français, et les guillemets inutiles.

Il en va de même pour les deux derniers exemples : les guillemets servent à *présenter* la notion, mais, pour la suite du texte, le traducteur s'en passera[94] (ou utilisera le sigle PS dans le cas des « produits spéciaux »).

Notons que, dans tous ces cas, l'auteur anglais aurait pu également utiliser les guillemets, mais pour des raisons qu'il ne nous appartient pas d'expliquer, il a choisi les majuscules, ce qui convient tout aussi bien dans sa langue.

Pour conclure, rappelons qu'il demeure de très nombreux cas où le traducteur pourra tout simplement éliminer les majuscules sans les remplacer par quoi que ce soit.

---

94 Cet usage selon lequel « la première occurrence [d'un mot] est guillemetée tandis que les occurrences suivantes ne le sont plus » a été décrit par Isabelle Collombat, qui parle alors de « guillemets d'accoutumance », dans *Le discours imagé en vulgarisation scientifique : étude comparée du français et de l'anglais*, thèse de doctorat de linguistique, Université Laval, 2005, 270 p.

➢ *MATERIAL*

Il est fréquent que l'anglais utilise le mot *material* dans le sens strict de « documents » ou de « documentation ». On induit le lecteur en erreur si on utilise alors le mot « matériel » en français, car ce mot a une extension plus large. Par exemple, un francophone qui entend l'expression **matériel pédagogique** supposera normalement qu'il ne s'agit pas uniquement de livres et de cahiers : il y aura aussi des affiches, des objets à présenter ou à manipuler, etc. C'est ce qu'on appellerait en anglais *teaching equipment* ou *teaching aids*. Ainsi, si le contexte ne nous éclaire pas, on pourra traduire *advertising material* et *promotional material* par **matériel publicitaire** et **matériel de promotion**, car il est fort probable qu'il ne s'agisse pas uniquement de documents. La notion pourrait comprendre des autocollants, des présentoirs, etc.

En revanche, traduire *audio material* par « matériel audio » risque fort de constituer un faux sens, car il y a tout lieu de parier qu'on parle en anglais d'un *document audio* (ou *document sonore*), alors que **matériel audio** fait plutôt référence aux appareils d'enregistrement ou de restitution.

> *We can provide promotional and educational material.*
> **Nous pouvons vous fournir du matériel de promotion et d'information.**
>
> *The simple possession of material obtained by voyeurism is treated in the same manner as the possession of obscene material.*
> **La simple possession de documents issus d'un acte de voyeurisme est traitée de la même manière que la possession de documents obscènes.**
>
> *Please see the material filed by the parties.*
> **Je vous renvoie aux documents déposés par les parties.**
>
> *Please provide any additional material deemed relevant by the Department.*
> **Veuillez fournir tout autre document jugé pertinent par le Ministère.**
>
> *The auditors noted that the French video material had been tailored for Québec.*
> **Les vérificateurs ont remarqué que les documents vidéo français avaient été adaptés pour le Québec.**
>
> *See page 31 in the reference material of this binder.*
> **Voir la page 31 de la documentation de référence du présent classeur.**

La traduction de *material* par **document** s'impose surtout si le mot anglais est au pluriel.

Organize all materials by topic.
Classer tous les documents par sujet.

I urge you to examine these materials.
Je vous invite à examiner ces documents.

Resource materials are available at www.oursite.org.
On trouvera des documents de référence à l'adresse www.notresite.org.

One user noted that the library was not well set up for dealing with electronic materials.
Un usager a indiqué que la bibliothèque était mal équipée pour la documentation électronique.

She has been asked to provide all her materials by the end of May.
On lui a demandé de fournir toute sa documentation d'ici la fin de mai.

Ajoutons que le mot **document** a une extension assez large pour inclure les documents audiovisuels et, évidemment, les documents électroniques. Si on veut exclure les documents audiovisuels, on peut dire en anglais *written material* et traduire en français par le substantif **écrit**.

Under Bill C-2, written material that consists primarily of descriptions of unlawful sexual activity with a child and that is written for a sexual purpose would constitute "child pornography."
Selon le projet de loi C-2, tout écrit constitué principalement de descriptions d'activités sexuelles illégales avec un enfant et rédigé à des fins d'ordre sexuel constitue de la « pornographie juvénile ».

➢ *MIDDLE EAST*

Au printemps 2002, le ministère des Affaires étrangères du Canada publiait un document intitulé *La politique canadienne à l'égard du processus de paix au Moyen-Orient.* Dans un article traitant de cette politique, le journaliste et essayiste Laurent Laplante s'étonnait :

> D'entrée de jeu, le titre du document sème la confusion. [...] D'abord, en substituant le terme de Moyen-Orient à celui de Proche-Orient [...].
>
> Parler du Moyen-Orient, comme le fait le document canadien, invite à englober dans la réflexion des pays comme l'Inde,

> l'Afghanistan, le Pakistan. Le Proche-Orient s'en tient plus modestement aux pays donnant sur la Méditerranée, ce qui, en l'occurrence, est amplement suffisant. [...] Le document ne traite d'ailleurs que d'Israël et des Palestiniens, donc du Proche-Orient[95].

Le journaliste esquisse des hypothèses politiques pour essayer d'expliquer cette curieuse terminologie. Or, il ne serait pas déraisonnable de croire que la réponse est surtout linguistique. En effet, bien que le terme *Near East* existe en anglais, il est plus ou moins tombé en désuétude. Comme le faisait remarquer une abonnée new-yorkaise du forum de Wordsmith.org :

> *Long, long ago, when I was a child, there was a place called the Near East. It included the countries on the continent of Asia, that were close to/had ports on the Mediterranean.* [...] *The Mid East was made up of countries that did not have Mediterranean Sea ports* [...]. *Nowadays, there is no "Near East." "Unrest" in Israel is "unrest" in the "Mid East."* [...] *Am I the only one to have been sleeping when the Near East disappeared*[96]*?*

La politique fédérale canadienne ayant bien sûr été rédigée en anglais, on y découpe la carte selon les usages propres au monde états-unien ou anglo-saxon, dans lequel il n'y a plus de Proche-Orient. Bien que, évidemment, cet usage soit en train de déteindre sur le français[97], le traducteur francophone qui veut rester fidèle à l'univers culturel de sa langue d'arrivée fera bien d'être vigilant. En effet, le mot **Proche-Orient** demeure encore bien vivant dans notre langue, beaucoup plus qu'en anglais. Voici à titre d'illustration le nombre d'occurrences de chacun des quatre mots en cause rapporté par Google :

Near East	2 570 000
Middle East	26 400 000
Proche-Orient	1 010 000
Moyen-Orient	2 040 000

---

95 Laurent LAPLANTE « Une inquiétante politique canadienne », *Dixit Laurent Laplante*, 11 avril 2002, http://www.cyberie.qc.ca/dixit/20020411.html.

96 *What happened to the Near East?*, message envoyé par *of troy* (pseudonyme d'une abonnée new-yorkaise) le 10 mars 2004, dans le forum AWADtalk de Wordsmith.org. L'orthographe et la typographie ont été rectifiées ici.

97 Ainsi, dans un article publié dans *Le Devoir*, des chercheurs de l'Observatoire sur les États-Unis de la chaire Raoul-Dandurand de l'UQAM en viennent à parler du « Grand Moyen-Orient » pour préciser que leurs propos touchent l'Afghanistan et l'Irak et non seulement le conflit israélo-palestinien. (« L'avenir de la "révolution Bush" en politique étrangère », *Le Devoir*, édition des 6 et 7 novembre 2004.)

Le rapport de **Proche-Orient** à **Moyen-Orient** est donc d'environ 1 pour 2 en français, alors que celui de *Near East* à *Middle East* est de 1 pour 10 en anglais. Il n'y a évidemment pas lieu d'expliquer ce phénomène par le fait que le monde francophone s'intéresserait plus au Proche-Orient que le monde anglophone.

Ces chiffres datent de mars 2005. La même recherche effectuée en avril 2002 donnait à peu près le même rapport pour le français (100 000 pour 200 000), mais un rapport de 1 pour 8 en anglais (370 000 pour 3 000 000). Conclusion : *Near East* est nettement en perte de vitesse en anglais, mais non **Proche-Orient** en français. (Ajoutons que parmi les textes français recensés par Google se trouve certainement une bonne proportion de traductions, ce qui a forcément pour effet de fausser les proportions en faveur de **Moyen-Orient**.)

Est-ce à dire que les traducteurs de la politique du ministère des Affaires étrangères du Canada auraient dû traduire *Middle East* par **Proche-Orient**, étant entendu que cette politique traitait uniquement du conflit israélo-palestinien? La question est délicate, car bien qu'il appartienne au traducteur d'adapter culturellement, on flirte ici avec la politique et le traducteur ne saurait jouer avec les messages ou les connotations du texte d'origine. En l'espèce, la chose aurait été possible et justifiable, mais avec le consentement éclairé des responsables gouvernementaux.

Dans la plupart des cas, cependant, la traduction de *Middle East* par **Proche-Orient** au sens strict de « pays riverains de la Méditerranée orientale (Turquie, Syrie, Liban, Israël, Égypte) [et] au sens large [de] ces pays et d'autres États de l'Asie occidentale, notamment la Jordanie et ceux du pourtour du golfe Persique[98] » n'a aucune incidence politique ni diplomatique et permettra simplement au traducteur francophone de découper la réalité d'une façon conforme à la langue d'arrivée.

➢ MISE EN RELIEF

Au paragraphe 191 b) de leur *Stylistique comparée* (VD), Vinay et Darbelnet font remarquer que « l'anglais laisse implicites bon nombre d'exemples de mise en relief; le lecteur doit rétablir, par la parole intérieure ou à voix haute, les intonations exactes voulues par l'auteur ». Ajoutons que le traducteur, pour sa part, doit rendre explicite ces mises en relief « toniques » implicites.

Vinay et Darbelnet présentent une série de « moyens dont dispose le français pour rendre la mise en relief de l'anglais ». Exemples tirés du paragraphe 194 :

---

98 *Grand Dictionnaire encyclopédique Larousse*, Paris, Librairie Larousse, 1982, sous **Proche-Orient**.

I know what you want!
Ah toi, je sais bien ce que tu veux!

I know you, Dinah!
Je te connais bien, moi!

Bien que nombre de traducteurs soient passés par l'école de la *Stylistique comparée*, il n'est pas toujours facile de reconnaître les cas où l'explicitation de la mise en relief (autrement dit, le fait de mettre un élément en relief par un autre moyen que l'intonation) est nécessaire, et pour cause : par définition, rien dans le texte anglais ne permet de reconnaître ces cas. Le traducteur doit donc être constamment aux aguets, et c'est pourquoi ce rappel nous paraît utile ici.

Commençons par citer deux cas où un traducteur a raté une occasion d'expliciter la mise en relief.

a) Premier exemple : Xbox

Dans la bande-annonce cinéma du jeu de Xbox Halo 2, on voit s'afficher dans un contexte dramatique ces phrases à propos du héros :

Nous ne sommes pas prêts. Il l'est.

La phrase d'origine était bien évidemment :

We're not ready. He is.

Or, il est évident aussi que le mot *he*, dans cette phrase, appelle un accent tonique servant à marquer une opposition avec *we*. Puisque cet accent tonique n'existe pas en français, le traducteur n'a pas vraiment rendu l'effet qui doit ressortir de cette phrase. Il aurait mieux valu traduire par :

Nous ne sommes pas prêts. Lui, il l'est.

Ou encore mieux, pour gagner en concision et concentrer ainsi l'effet davantage :

Nous ne sommes pas prêts. Lui l'est.

À l'appui de cette solution, il faut remarquer qu'en retraduction, l'anglais, de son côté, ne disposerait d'aucun moyen lexical de faire la différence entre ces quatre énoncés :

Nous ne sommes pas prêts. Il l'est.
Nous ne sommes pas prêts. Lui, il l'est.
Nous ne sommes pas prêts. Lui l'est.
Nous ne sommes pas prêts. C'est lui qui l'est.

Puisque ces quatre phrases se traduiraient de la même façon en anglais, c'est au traducteur francophone qu'il appartient d'être conscient de ses « options », pour reprendre la terminologie de VD[99], et de choisir la bonne.

Pour bien saisir la différence, trouvons des contextes où **il l'est** conviendrait.

> **Certains disent qu'il n'est pas prêt. Mais il <u>l'est</u>.**
> **Est-il prêt? Oui, il <u>l'est</u>.**

On voit tout de suite la distinction : ici, l'accent est mis sur le verbe **être**. **Il est prêt** s'oppose ici à **il n'est pas prêt**, tandis que dans la publicité de Halo, **il est prêt** s'oppose à **nous, nous ne sommes pas prêts**.

Cette observation nous permet de remarquer que le français a tendance à mettre en fin de phrase l'élément sur lequel il veut insister[100]. C'est d'ailleurs ce qui rend nécessaire la mise en relief lexicale par le redoublement du pronom (**lui, il**), que l'on ne peut mettre en fin de phrase, sauf peut-être en recourant à une mise en relief « extrême » :

> **Celui qui est prêt, c'est lui.**
> **Il est prêt, lui.**

Ces traductions pourraient se justifier dans certains contextes, mais pas dans celui de la bande-annonce, notamment parce que celle-ci appelle plus de concision.

b) DEUXIÈME EXEMPLE : FUDGEE-O

Voyons maintenant un autre exemple, extrait celui-là du dos d'un emballage de biscuits.

> *Some people only see great chocolatey tasting Fudgee-O cookies. <u>We</u> like to think of them as a whole bag of smiles just waiting to happen!*
> **Certains trouvent nos biscuits chocolatés Fudgee-O simplement délicieux. <u>Nous</u> aimons les considérer comme un plein sac de sourires qui n'attendent qu'à se manifester!**

On voit ici, encore une fois, que le *we* s'oppose à *some people*. Un anglophone aurait certainement lu ce *we* en lui appliquant un accent tonique, intonation

[99] Jean-Paul VINAY et Jean DARBELNET, *Stylistique comparée du français et de l'anglais*, Montréal, Beauchemin, 1977, par. 11.

[100] Voir dans le présent ouvrage l'article ORDRE DES MOTS ET IMPORTANCE RELATIVE DES IDÉES.

impropre au français dont l'équivalent aurait été plutôt de redoubler le **nous**. Voici deux façons dont on aurait pu traduire ces deux phrases du sac de biscuits :

> **Certains ne voient que le savoureux chocolat dans nos Fudgee-O. Nous, nous les voyons comme autant de sourires qui ne demandent qu'à sortir du sac!**

> **Pour certains, nos Fudgee-O ne sont que du savoureux chocolat. Pour nous, ce sont autant de sourires en perspective!**

À la rigueur, on aurait pu rendre l'opposition entre *some people* et *we* par une sorte de mise en relief « oblique » :

> **Certains ne voient que le savoureux chocolat dans nos Fudgee-O. Nous préférons y voir autant de sourires qui n'attendent que l'occasion de sortir du sac!**

Par ailleurs, le traducteur pourrait très bien, aussi, déceler un accent tonique dans le mot *only* de la première phrase. Le cas échéant, il serait justifié de faire là aussi une mise en relief par voie lexicale :

> **Certains voient nos Fudgee-O comme de savoureux biscuits au chocolat, sans plus. Nous, nous aimons les considérer...**

c) RISQUES DE FAUX SENS

Le problème de la mise en relief n'est pas qu'une question de style, et un manque de jugement à cet égard peut entraîner un faux sens. Prenons en effet la traduction suivante :

> *The judge must make this order.*
> **Le juge doit rendre cette ordonnance.**

Si le traducteur choisit de traduire ainsi, le sens de cette phrase, sera plus exactement « le juge *est obligé de* rendre cette ordonnance » (et il serait d'ailleurs préférable alors de choisir cette tournure). Toutefois, il est probable (c'est le contexte qui l'indiquera) que l'auteur anglais, ici, mette mentalement l'accent tonique sur le mot *judge*, ce qui signifie que la phrase devra plutôt être traduite comme suit :

> **C'est le juge qui doit rendre cette ordonnance.**

Autrement dit, il n'est pas question d'obligation pour le juge; le message réside dans le fait que personne d'autre que le juge n'est habilité à rendre cette ordonnance. Le cas échéant, la première traduction donnerait lieu à un faux sens.

Il existe une autre façon de traduire correctement la phrase et mettant l'accent sur le bon mot, c'est de recourir à la voix passive :

> **Cette ordonnance doit être rendue par le juge.**

Pour en savoir plus sur ce procédé, on pourra consulter dans le présent ouvrage l'article ORDRE DES MOTS ET IMPORTANCE RELATIVE DES IDÉES.

d) PRONOM PERSONNEL SUIVI D'*ALSO*

Un pronom personnel suivi d'*also* expose souvent le traducteur à un glissement de sens, voire au genre de faux sens présenté dans la section précédente.

Comparons les deux phrases suivantes.

> *I just met our partners. They are based in Hong Kong. They also have a regional office in Bangkok.*
> **Je viens de rencontrer nos partenaires. Leur siège social est à Hong Kong. Ils ont aussi un bureau régional à Bangkok.**

> *Last year, I was dispatched to our regional office in Bangkok. I met our partners there many times as they also have an office in Bagkok.*
> **L'an dernier, j'ai été affecté à notre bureau régional de Bangkok. J'y ai souvent rencontré nos partenaires, car eux aussi ont un bureau à Bangkok.**

Dans ces cas précis, il aurait été difficile de commettre un faux sens, mais le contexte n'est pas toujours évident. Aussi le traducteur fera-t-il bien de surveiller attentivement chaque fois qu'il voit un pronom personnel (ou parfois un substantif) suivi d'*also*. Dans les exemples qui précèdent, on ne pourrait peut-être pas parler de faux sens, mais on peut certainement parler d'un glissement de sens, d'une traduction non idiomatique, voire d'une traduction déroutante pour le lecteur.

Encore une fois, rappelons que le rédacteur anglais n'a pas la liberté de choisir entre deux formules correspondant respectivement à **ils ont aussi** et à **eux aussi ont**. En fait, ici, pour le traducteur, la différence entre les deux sens réside non seulement dans le choix du pronom (**ils/eux**, **il/lui**, etc.), mais également dans la place du mot **aussi**. Sans mise en relief, le mot **aussi** va après le verbe conjugué. Avec la mise en relief, il se place immédiatement après le pronom, donc avant le verbe, ce qui permettrait de maintenir une distinction si le pronom était le même dans les deux cas, par exemple avec **elle/elle**).

Voici quelques autres exemples pour expliciter ce piège.

Women contributed to the war effort in many ways. They worked in manufactures. They also served in the army.
Les femmes ont contribué à l'effort de guerre de plusieurs manières. Elles ont travaillé dans les manufactures. Elles ont aussi servi dans l'armée.

Don't poke fun at lesbians in the army. They also serve their country.
Ne vous moquez pas des lesbiennes dans l'armée. Elles aussi servent leur pays.

They also believe in God.
Ils croient aussi en Dieu. (Par ailleurs, ils croient en Dieu.)

They also believe in God.
Eux aussi croient en Dieu (tout comme nous).

e) UTILISATION DU TOUR DE PRÉSENTATION **C'EST... QUI**

Le traducteur aguerri saura repérer également les cas où le sujet doit être mis en relief par le tour **c'est... qui**. Ainsi, comparons les trois traductions suivantes de la même phrase anglaise.

RCMP investigates suspected war criminals in Canada.
La GRC mène des enquêtes sur les cas de personnes soupçonnées de crimes de guerre au Canada.

RCMP investigates suspected war criminals in Canada.
C'est la GRC qui enquête sur les cas de personnes soupçonnées de crimes de guerre au Canada.

RCMP investigates suspected war criminals in Canada.
Au Canada, c'est la GRC qui enquête sur les cas de personnes soupçonnées de crimes de guerre.

Ces trois traductions sont correctes, mais la première ne veut pas dire la même chose que les deux autres. Dans le premier cas, on répond à la question : Que fait la GRC? Dans les deux autres cas, on répond à la question : Qui s'occupe des enquêtes relatives aux personnes soupçonnées de crimes de guerre au Canada? Encore une fois, rien dans la syntaxe de l'anglais ne permet au traducteur de déceler laquelle des tournures il doit utiliser. C'est la logique du texte qui l'éclairera, et qui lui permettra de produire une traduction plus claire et plus idiomatique.

Dans les entrevues que comporte le DVD du film *The Door in the Floor* (*La trappe dans le plancher*), l'auteur du roman dont est tiré le film, John Irving, parle de l'apport particulier du scénariste Tod "Kip" Williams dans l'adaptation cinématographique de son œuvre, qui s'intitulait *A Widow for One Year.*

> *I had no such vision of* A Widow for One Year *as a film of that kind.*
> *Kip had that idea. And I think it's a good idea.*

Dans l'entrevue, on entend clairement l'auteur mettre un accent tonique sur le mot *Kip*. Or, à ce moment, le sous-titrage est ainsi libellé : « Kip a eu cette idée. Et c'est une bonne idée. »

On pourrait toujours mettre sur le compte des contraintes d'espace ce choix du sous-titreur. Il n'empêche que la meilleure façon de rendre tout le sens des propos de l'écrivain consistait à procéder à une mise en relief quelconque, comme ceci :

> **C'est Kip qui a eu cette idée.**
> **Cette idée est celle de Kip.**
> **L'idée est de Kip.**

Les deux dernières solutions renvoient à un principe traité ailleurs dans le présent guide, sous la rubrique ORDRE DES MOTS ET IMPORTANCE RELATIVE DES IDÉES.

Pour conclure cette section, nous citerons un cas particulier, parfaitement illustré par une traduction trouvée dans *Le rire de zorro* du Français Martin Winckler. À la page 64 de son livre, Winckler rappelle les aphorismes de la vieille émission de radio états-unienne *The Shadow*, et les traduit pour ses lecteurs uniligues :

> *Who knows what evil lurks in the hearts of men? The Shadow knows! – [...] Crime doesn't pay! The Shadow knows!*
> **Qui sait quel mal se tapit dans le cœur des hommes? L'Ombre! [...] Le crime ne paie pas! L'Ombre le sait[101]!**

Ici, malgré les apparences, les deux phrases identiques en anglais n'ont pas la même fonction. Dans la première, *The Shadow knows!* répond à la question (explicite) « Qui le sait? » Dans la seconde, la même phrase courte répond à la question (implicite) « Quelqu'un le sait-il? » ou « L'Ombre le sait-elle? » Martin Winckler, qui n'est pourtant pas traducteur de profession, l'a senti assez clairement pour traduire la même phrase de deux manières différentes dans le même paragraphe.

---

[101] Texte anglais et traduction dans Martin WINCKLER, *Le rire de Zorro*, Paris, Bayard, 2005, p. 64.

f) AUTRE SOLUTION POSSIBLE

Concluons avec le procédé de mise en relief du pronom **je** par l'adverbe **personnellement**, qui ne figure pas parmi les nombreuses solutions de VD. L'exemple est tiré d'un discours :

> *And sometimes in endeavouring to solve the problem people start part way through instead of going back to the beginning. I think that the best thing you could do would be to go back to the beginning and ask how effective courtworkers are now, in 2004.*
> **Et parfois, en voulant régler un problème, les gens partent de n'importe où au lieu de le prendre à la base. Personnellement, je crois que la meilleure chose à faire serait de revenir à la base et de se demander dans quelle mesure les conseillers parajudiciaires sont efficaces aujourd'hui, en 2004.**

Remarquons le signal – bien ténu – qui doit mettre la puce à l'oreille du traducteur : le fait que le pronom *I* s'oppose à un autre agent, ici *people.*

➢ *ON-LINE*

Lorsque l'expression *on-line* est apparue en informatique, les linguistes se sont empressés de nous mettre en garde contre **en ligne**, qui constituerait un calque auquel il fallait préférer **en direct**. C'est ainsi qu'on a hérité, dans l'administration fédérale, de l'expression **gouvernement en direct** pour traduire *on-line government.*

Il faut toutefois préciser que cette consigne remonte (au moins) à une fiche de 1985 du Comité de linguistique de Radio-Canada, qui donnait à l'expression la définition suivante : « Se dit d'un traitement des données qui s'effectue au moment de la commande. » Dans ce sens, la locution **en direct** demeure recommandable, car elle s'oppose à **en différé**.

Sauf que, depuis quelques années, l'expression *on-line,* du moins dans son usage le plus courant, a plus ou moins pris le sens de *on the Internet.* Puisque ce sens ne s'oppose plus à **en différé**, l'expression **en direct** perd ici sa pertinence.

Par ailleurs, la locution **être en ligne** existe déjà depuis longtemps en français dans le sens d'« être en communication téléphonique[102] ». L'extension de sens, ici, se fait assez naturellement. D'ailleurs, elle est même reconnue par le *Dictionnaire de l'Académie* :

[102] *Le Petit Robert,* 2001, sous **ligne**.

> INFORM. **Équipement en ligne**, qui fonctionne en relation directe avec un autre. **En ligne** se dit également de services auxquels permet d'accéder un microordinateur connecté au réseau téléphonique ou à un réseau câblé. **Services télématiques en ligne**[103].

L'OQLF reconnaît aussi sans ambages l'expression **en ligne**, recommandant d'ailleurs de traduire *on-line government* par **Administration en ligne** ou **cyberadministration** ou encore par **gouvernement en ligne** ou **cybergouvernement**.

On peut donc tout simplement recourir à cette locution, ou encore à l'expression **par Internet** ou **dans Internet**, que, dans ce sens, les rédacteurs et locuteurs francophones utiliseront plus naturellement et plus directement[104].

> *Canadians can respond to the consultation on-line.*
> **La population peut participer à la consultation par Internet.**

Pour cette raison, il est aussi fréquent que l'on puisse se passer de traduire *on-line* explicitement parce que le contexte indique clairement que l'on parle d'Internet.

> *The Peacebuilding Database is now on-line on the Web site of the ABC.*
> **On peut maintenant consulter la base de données sur la consolidation de la paix dans le site de l'ABC.**

> *Other opportunities for groups to provide feedback include an on-line discussion tool that will also be available soon on the ABC Web site.*
> **Les groupes qui souhaitent s'exprimer pourront aussi le faire au moyen d'un forum de discussion qui sera mis sur pied bientôt dans le site Web de l'ABC.**

Ajoutons que, dans ce dernier cas, l'expression **en direct** serait erronée, car elle donnerait l'impression qu'il s'agit de clavardage, alors qu'un forum de site Web est plutôt assimilable à un babillard et que les échanges ne s'y passent pas vraiment « en direct ».

---

[103] *Dictionnaire de l'Académie française*, 9e édition, http://atilf.atilf.fr/academie9.htm, sous **ligne**.

[104] « [...] **dans** et **sur** coexistent et sont corrects, mais **dans Internet** est plus logique, et c'est ce que nous conseillons. » Québec, Office québécois de la langue française, *Téléphone linguistique* (http://www.oqlf.gouv.qc.ca/ressources/bibliotheque/dictionnaires/faq/index.html), sous **Dans Internet ou sur Internet?**

➢ *OR* D'ÉQUIVALENCE

a) VALEURS NUMÉRIQUES

Dans l'ascenseur d'un petit immeuble de Québec se trouve une plaque où l'on peut lire ceci :

Capacité 1500 lb ou 9 personnes

Ce **ou** donne bizarrement l'impression qu'on a le *choix* entre une capacité de 1 500 lb *ou* une capacité de 9 personnes. Ce qu'on veut dire, évidement, c'est que 1 500 lb équivalent à 9 personnes environ. Autrement dit, que la capacité est de **1 500 lb, soit 9 personnes**.

Il s'agit ici d'une influence de l'anglais. On voit toujours ce *or*, par exemple, dans les textes statistiques :

Between 1980 and 2000, exports of recorded music discs and tapes grew by 642 per cent, or 10.5 per cent per annum.
Entre 1980 et 2000, les exportations de disques et de cassettes ont progressé de 642 %, soit 10,5 % par an.

The EU standard would reduce exports by 64 per cent, or $700 million.
La norme de l'UE réduirait les exportations de 64 %, soit 700 millions de dollars.

This function represents 0.3 full-time equivalent or approximately $20K.
Cette fonction représente 0,3 équivalent temps plein, soit environ 20 000 $.

Dans tous ces cas, il serait fautif de traduire *or* par **ou**. Comme souvent, la rétrotraduction[105] nous donne un indice probant ici. En effet, il n'existe en anglais aucun mot particulier pour traduire ce **soit**.

Dans certains cas, on pourrait aussi utiliser **c'est-à-dire** ou **ce qui représente** :

[105] Nous utilisons ici le terme privilégié entre autres par Yves Gambier et Isabelle Collombat, qui le jugent moins ambigu que le mot **retraduction**, défini et utilisé par VD. Voir Yves GAMBIER, « La retraduction, retour et détour », *Meta*, vol. XXXIX, n° 3, p. 413-417 et Isabelle COLLOMBAT, *La retraduction, une nécessité historique?*, communication présentée au colloque annuel de l'Association canadienne de traductologie à l'Université Dalhousie (Halifax), 29-31 mai 2003, inédit. Selon ces auteurs, le mot **retraduction** devrait désigner plutôt l'activité qui consiste à traduire un même texte de départ une nouvelle fois, dans la même langue que la ou les fois précédentes.

The Institute increased this projection to US$135 billion in 2006, rising to US$195 billion in 2015 or 0.44% of donor GNI in 2006 and 0.54% in 2015.
L'Institut a fait passé cette projection à 135 milliards de dollars US en 2006 et 195 milliards de dollars US en 2015, ce qui représente 0,44 % du RNB des pays donateurs en 2006 et 0,54 % en 2015.

Reconnaissons que, dans l'exemple de l'ascenseur, présenté au début de cet article, hors d'une phrase structurée, le mot **soit** pourrait paraître incongru. Ce sont alors les parenthèses qui pourraient remplir la fonction qu'on essaie à tort de donner au **ou** dans ce cas :

Capacité 1 500 lb (9 personnes)

b) SYNONYMES

Dans la même veine, il arrive que les rédacteurs anglophones utilisent *or* pour introduire non pas un deuxième élément d'énumération qui pourrait se substituer au premier, mais un deuxième terme qui exprime la même idée – autrement dit, un synonyme. C'est un peu comme si le rédacteur hésitait entre les deux termes et n'arrivait pas à arrêter son choix.

Previous knowledge or awareness of the existence of a definition was virtually non-existent across all groups.
Dans tous les groupes, presque tous les participants ignoraient l'existence de la définition.

No specific funding is assigned for the Centre's operating costs or expenses in the departmental budget.
Aucun montant particulier n'est prévu pour les coûts de fonctionnement du Centre dans le budget du Ministère.

In the absence of any reliable or assured source of departmental funding, the Centre's ability to plan and manage its activities is severely constrained.
L'absence d'une source de revenus assurée de la part du Ministère restreint de beaucoup la capacité du Centre à planifier et à gérer ses activités.

Comme on peut s'y attendre, il existe ici comme bien souvent des cas limites. Dans le doute, le traducteur traduira les deux termes et les unira par **ou**. Mais il est bon de savoir que ce phénomène existe et que, le cas échéant, le **ou** français n'a pas cette valeur d'équivalence et pourrait par conséquent introduire un faux sens.

Si le traducteur le juge utile, il pourra traduire le deuxième terme, mais le mettre alors entre parenthèses.

> *The desire to establish rules may raise questions about whether the Collaborative Lawyering credo or model is driving the practice, rather than vice versa.*
> **Ce désir d'établir des règles pourrait susciter un débat sur la question de savoir si c'est le credo (ou le modèle) du droit coopératif qui oriente la pratique ou l'inverse.**

> *The invoice or statement will indicate the cost of goods purchased and delivered for each requisition.*
> **La facture (ou état) indique le coût des articles achetés et livrés pour chaque commande.**

➢ ORDRE DES MOTS ET IMPORTANCE RELATIVE DES IDÉES

a) Exposé préliminaire

Bien que ses options soient loin d'être illimitées, le rédacteur francophone a généralement le choix entre quelques possibilités en ce qui concerne l'ordre des mots de sa phrase. Et consciemment ou inconsciemment, il sait que celles-ci ne sont pas toutes équivalentes.

En fait, si les mots comme tels véhiculent le *sens*, l'ordre des mots quant à lui sert au *cheminement*, à l'*exposé des idées*, par exemple dans une argumentation. Les choix du traducteur sur ce plan ont donc une incidence directe sur l'efficacité avec laquelle il arrivera à faire justice aux *intentions du rédacteur*, au-delà des idées elles-mêmes.

De ce fait, le traducteur fera bien de remarquer qu'en français, tout comme l'accent tonique se met généralement à la fin d'un mot, l'accent sémantique se trouve très souvent à la fin de la phrase. Autrement dit, on met à la fin de la phrase l'élément nouveau, ou l'élément sur lequel on veut insister[106].

Ainsi, observons les deux phrases suivantes :

> **La qualité première de cet écrivain demeure cette manière de décrire avec une justesse impressionnante les émotions.**

[106] Comme le disent Viney et Darbelnet (VD, par. 184) : « [...] le français ne commence pas par l'essentiel, mais achemine le lecteur vers le but de l'énoncé, qui joue ainsi le rôle de point culminant du message. »

> **La qualité première de cet écrivain demeure cette manière de décrire les émotions avec une justesse impressionnante.**

Dans la première phrase, l'auteur met l'accent sur le fait que l'écrivain en question est capable de décrire les émotions, par opposition, par exemple, aux situations. Dans la seconde, il insiste plutôt sur la justesse avec laquelle il peut le faire. Le caractère légèrement incongru de la première phrase, causé par le renvoi en fin de phrase d'un complément d'objet direct court, est tout à fait justifiable pour ces motifs.

Voici un exemple similaire, tiré de la critique de l'adaptation d'un roman en bande dessinée[107] :

> **En revanche, l'auteur de la bande dessinée a introduit un élément biographique en faisant apparaître sous les traits du professeur l'auteur du roman.**

Syntaxiquement, il aurait sans doute paru plus naturel de mettre le groupe de mots **l'auteur du roman** immédiatement après le verbe (voir ci-dessous) au lieu de le renvoyer à la fin de la phrase. Cependant, le message principal ici concerne le fait que le dessinateur a choisi l'auteur du roman comme modèle pour donner un visage au personnage du professeur *au lieu de puiser dans son imagination ou de se fier à la description qu'il y avait dans le roman.* On pourrait comparer cet exemple avec la formulation suivante, où seul l'ordre des mots a été changé :

> **En revanche, l'auteur de la bande dessinée a fait un choix étonnant en faisant apparaître l'auteur du roman sous les traits du professeur.**

On aurait pu imaginer cette phrase dans un contexte où le lecteur se serait attendu à voir l'auteur du roman représenté *sous les traits d'un autre personnage.* On voit donc ici que le choix de l'ordre des mots dépend des questions suivantes : D'où arrive-t-on? et Où veut-on aller (ou ne pas aller)?

Pour terminer, comparons les deux phrases suivantes :

> **Il importe de donner suite dès maintenant à ces propositions.**
> **Il importe de donner suite à ces propositions dès maintenant.**

Ici, on ne saurait prétendre que, dans la première phrase, l'auteur insiste sur les mots **à ces propositions**. Il s'agit en fait simplement de l'ordre naturel des mots dans la phrase, où la locution adverbiale suit le verbe. Cependant, il est évident

[107] www.guidelecture.com. La bande dessinée s'intitule *Une solitude trop bruyante*. L'exemple précédent est également tiré d'une critique de livre trouvée dans le même site.

que, dans le deuxième cas, l'auteur insiste davantage sur l'urgence de donner suite aux propositions en question en renvoyant les mots **dès maintenant** en fin de phrase, ce qui a pour effet de les mettre en relief.

Comme on peut le constater, les observations qui précèdent ne signifient pas nécessairement que les éléments mis en fin de phrase expriment *toujours* une insistance.

b) Conséquences générales en traduction

Nous avons vu dans la section précédente que la nécessité d'insister sur un aspect du message peut nous amener à bousculer un peu l'ordre *naturel* des éléments de la phrase. On en a un bon exemple ici :

> *It may be that judicial assistants will now be circulating memos to other judicial assistants by email only, to be printed by the recipients for their judge as needed.*
> **Il se pourrait que, dorénavant, les adjoints judiciaires envoient les notes de service aux autres adjoints judiciaires par courrier électronique seulement, et qu'il appartienne alors aux destinataires de les imprimer pour leur juge.**

On admet que le traducteur aurait pu alléger sensiblement la syntaxe de sa phrase française en écrivant ceci :

> **Il se pourrait que, dorénavant, les adjoints judiciaires envoient par courrier électronique seulement les notes aux autres adjoints judiciaires, qui pourront alors les imprimer pour leur juge.**

L'avantage de cette dernière solution est syntaxique : le fait de mettre **aux autres adjoints judiciaires** en fin de proposition permet de recourir à une relative introduite par **qui**, ce qui raccourcit et allège la phrase. Cette solution aurait été à recommander dans bien des cas, sauf qu'en l'occurrence, elle occulte le message central de la phrase, à savoir que, dorénavant, les adjoints judiciaires pourraient utiliser uniquement le courrier électronique, *à l'exclusion de tout autre moyen*, pour communiquer avec leurs homologues. C'est d'ailleurs la raison pour laquelle ceux-ci seront obligés de faire un imprimé pour le juge, ce qui constitue pour eux une étape de plus par rapport à la situation où on leur enverrait les notes de service sur papier.

Pour préserver cette importance des mots **par courrier électronique seulement**, le traducteur est obligé de se passer de la relative, ce qui rallonge un peu sa phrase, mais lui permet de rendre clairement tant le sens que l'importance relative des éléments de la phrase. (À noter qu'on aurait pu écrire **seulement**

par courrier électronique au lieu de **par courrier électronique seulement**, mais que cette dernière option permet de faire une mise en relief encore plus forte.)

Inversement, ce souci de mettre en fin de phrase l'élément central – si on peut dire – du message peut parfois inciter le traducteur à recourir à des formulations typiquement françaises, et qui ne sont donc jamais suggérées par l'anglais, comme l'inversion du verbe et du sujet. Ainsi, voyons l'exemple suivant, tiré de l'introduction d'un document exposant un cadre de vérification :

> *This audit framework provides an understanding of the level of risk involved with the implementation of this contribution agreement. Management practices and measures used to mitigate, manage and monitor the risk exposures are also defined.*
> **Le présent cadre de vérification fait état du niveau de risque lié à l'entente de contribution. Y sont aussi décrites les pratiques et les mesures de gestion visant à atténuer, à gérer et à surveiller les risques.**

Comparons maintenant cette dernière phrase avec la traduction suivante, davantage calquée sur l'anglais :

> **Le présent cadre de vérification fait état du niveau de risque lié à l'entente de contribution. Les pratiques et les mesures de gestion visant à atténuer, à gérer et à surveiller les risques y sont aussi décrites.**

On ne saurait considérer cette seconde traduction comme fautive. Il n'empêche cependant que la première est à préférer, car sa structure annonce clairement au lecteur qu'on veut répondre à la question : Que trouvera-t-on dans le présent document? et non à : Que fera-t-on avec les pratiques et les mesures de gestion?

c) LE CAS PARTICULIER DU VERBE **ÊTRE**

Le choix de l'ordre des mots en anglais ne suit pas toujours la même logique que celle que nous venons de décrire. Ainsi, il est arrivé à l'auteur de ces lignes de réviser un texte rédigé en français par un anglophone pour présenter le groupe de discussion de l'OTTIAQ. Le texte concluait comme ceci :

> **« [Jean Tremblay] est le modérateur du groupe de discussion de l'OTTIAQ. »**

Cette phrase est syntaxiquement correcte, mais telle quelle, elle répond à la question : Qui est [Jean Tremblay]? Or, dans ce contexte, la phrase avait plutôt pour but de répondre à la question : Qui est le modérateur du groupe de discussion? Par conséquent, il valait mieux rédiger la phrase comme suit :

> **Le modérateur du groupe de discussion de l'OTTIAQ est [Jean Tremblay].**

De fait, on constate dans l'usage que le rédacteur anglophone met souvent l'élément important de la phrase *avant* le verbe **être**, alors qu'en vertu des principes exposés plus haut, le rédacteur francophone – ou le traducteur – mettra plutôt l'élément important *après* ce verbe.

> *The Province of British Columbia is the recipient of this funding.*
> **Le bénéficiaire de ce financement est la province de la Colombie-Britannique.**

En effet, l'auteur de la phrase ici veut répondre à la question : Qui est le bénéficiaire de ce financement? et non à : Qu'est-ce que la Colombie-Britannique?

Dans le livre *Le soin de l'âme*, traduction de l'ouvrage *Care of the Soul* de Thomas Moore[108], on peut lire la phrase suivante :

> **La clarté n'est pas un des cadeaux de la poésie.**

On voit tout de suite que cette traduction est calquée sur la structure de l'anglais. Le malaise vient du fait que cette phrase semble vouloir répondre à la question : Qu'est-ce que la clarté? ou encore pis : Qu'est-ce que n'est pas la clarté? – question qui n'a pas de sens. En fait, ce que l'auteur voulait dire, c'est ceci :

> **La clarté ne fait pas partie des cadeaux de la poésie.**

Cette fois, on voit que la phrase tente de répondre à la question : Quelles sont les limites de la poésie? ou : Quel est le domaine de la poésie?

d) LE CAS DU PASSIF

Ces observations procurent au traducteur un nouveau moyen simple de répondre à une des questions épineuses qu'il se pose régulièrement depuis la première année de ses études : Quand peut-on utiliser le passif[109]?

---

108 Thomas MOORE, *Le soin de l'âme*, Éditions Québec Loisirs, 1994, p. 189.

109 Loin de nous la prétention de faire ici un exposé exhaustif sur la question du passif. Nous nous contentons d'en faire ressortir un des éléments seulement dans le cadre de ces considérations portant principalement sur l'ordre des mots.

Comparons les deux phrases suivantes :

> **Les frais de l'exercice 2003-2004 ont été absorbés par le ministère de la Justice.**
>
> **Le ministère de la Justice a absorbé les frais de l'exercice 2003-2004.**

Pour reconnaître la différence entre ces deux phrases, il faut se demander à quelle question elles répondent. La première répond à la question : Qui a absorbé les frais de l'exercice 2003-2004? ou encore : Qu'est-il advenu des frais? et la seconde, à la question : Qu'a fait le ministère de la Justice? Il va de soi que la première occurrence est la plus probable, mais la seconde demeure possible dans certains contextes, comme nous le verrons à l'instant.

Les règles qui président au choix du passif ou de l'actif étant différentes dans les deux langues, on ne saurait se fier à la forme choisie par le rédacteur anglais pour fixer son choix en français. Prenons la phrase suivante, trouvée dans les pages liminaires d'un document :

> *The Legal Aid Directorate has prepared this document.*
> **Le présent document a été rédigé par la Direction de l'aide juridique.**

Il va de soi que l'auteur veut répondre à la question : Qui est l'auteur du document? « La Direction de l'aide juridique a rédigé le présent document », traduction calquée sur la formulation anglaise, créerait un malaise, car elle serait utilisée dans un mauvais contexte. On pourra dire, en revanche, par exemple dans le rapport annuel de la Direction : **La Direction de l'aide juridique a rédigé un document sur...**, parce que le but de l'auteur est alors de répondre à la question : Qu'a fait la Direction de l'aide juridique?

Voici un autre cas où le traducteur, pour bien faire ressortir l'idée principale de l'auteur, recourra au passif là où le rédacteur anglais avait utilisé la voix active. Pour montrer le contexte, nous citons ici la première et la dernière phrase du paragraphe.

> *A minority of participants argued that it was reasonable, though perhaps unfortunate, for insurance companies to assess risk using genetic information. [...] Sometimes participants who worked in the private sector as employees of insurance or accounting firms brought forward the 'enterprise' perspective.*
> **Une minorité de participants ont fait valoir qu'il était raisonnable, quoique malheureux, que les compagnies d'assurances se servent de l'information génétique pour évaluer les risques. [...] Cette « optique du secteur privé » était parfois exprimée par les personnes qui travaillaient pour des compagnies d'assurances ou des cabinets comptables.**

Ici, l'auteur du compte rendu commence par rapporter un des points de vue qu'il a entendus dans un groupe de discussion et termine en précisant qui, plus particulièrement, a exprimé ce point de vue. Il aurait été impensable pour le traducteur francophone d'utiliser une autre tournure que le passif ici, cette fois aussi bien pour des raisons sémantiques que syntaxiques.

Raisons sémantiques – Il est évident que la dernière phrase a pour objet de répondre à la question : Qui a exprimé ce point de vue? et que la façon la plus claire de le faire consiste à dire **Ce point de vue a été exprimé par...**

Raisons syntaxiques – On a ici un cas intéressant, et assez fréquent, où le fait de commencer la phrase par le même sujet qu'en anglais poserait un problème à peu près insoluble. Que devrait-on écrire : « Les participants » ou « Des participants »? En fait, ici, il n'existe aucune réponse satisfaisante à cette question, et c'est parce que la solution idiomatique consiste à recourir au passif[110].

Voyons maintenant un cas où le même principe incitera le traducteur à faire l'inverse, c'est-à-dire à traduire le passif par une phrase à la voix active. Cet exemple renvoie aux particularités du verbe **être** que nous avons exposées plus haut :

> *Albert Meyer from Alberta was selected on the Ethics Committee as the replacement person from outside the membership.*
> **La personne choisie pour siéger au Comité de déontologie en tant que non-membre de l'Association est Albert Meyer, de l'Alberta.**

Cette traduction se justifie par le fait qu'en contexte, l'auteur voulait implicitement répondre à la question : Qui a été nommé à titre de personne extérieure à l'Association? (et non pas à : Qui est Albert Meyer? ni à : Que s'est-il passé au sujet d'Albert Meyer?). Une traduction calquée sur la structure de l'anglais aurait comporté tous les mêmes éléments de sens, mais n'aurait pas été aussi claire pour exprimer l'objet de la phrase et du texte.

e) TOUR DE PRÉSENTATION

Le français a cependant une façon bien à lui de mettre en relief un élément de phrase qui se trouve au début, et non pas à la fin. Il s'agit du tour de présentation **C'est... qui**. Nous ne donnons qu'un exemple ici, car le sujet a déjà été traité en profondeur sous la rubrique MISE EN RELIEF :

---

110 Théoriquement, dans ce genre de situation, il existe une autre solution, soit l'utilisation d'une tournure impersonnelle ou d'un tour de présentation comme **Ce sont les personnes travaillant pour [...] qui ont exprimé ce point de vue [...]**. En l'espèce, cependant, la première solution est impraticable et la seconde non recommandable. Nous reviendrons à la section suivante sur le tour de présentation **C'est... qui**.

> *In a Criminal Code prosecution, the Attorney General of British Columbia has carriage of the case.*
> **C'est le procureur général de la Colombie-Britannique qui est chargé des poursuites intentées en vertu du *Code criminel*.**

Il est évident que cette phrase répond à la question : Qui est chargé des poursuites? La réponse n'est cependant pas à la fin de la phrase; elle est au début, et c'est grâce au tour de présentation **C'est... qui** qu'on peut mettre l'accent sur le bon élément de la phrase.

f) L'ANTÉPOSITION DU COMPLÉMENT

Un peu comme le tour de présentation, l'antéposition du complément peut également servir à mettre en début de phrase l'élément sur lequel on veut insister. Comparons à titre d'illustration les deux exemples suivants :

> **Les prises ont considérablement diminué depuis lors sur ce tronçon du fleuve, et en trois ans, les pêcheurs n'en ont signalé aucune.**

> **Sur ce tronçon du fleuve, les prises ont considérablement diminué depuis lors, et en trois ans, les pêcheurs n'en ont signalé aucune.**

Dans la première phrase, l'ordre des mots est naturel, de telle sorte que la phrase est simplement énonciative : le poids sémantique n'est porté par aucun élément en particulier. Dans la seconde, par contre, on insiste sur le fait que l'observation rapportée concerne spécialement le tronçon dont on parle, ce qui laisserait entendre que la situation est différente, et probablement contraire, dans les autres parties du fleuve.

g) CONCLUSION

Rappelons que l'intérêt de ces observations réside non pas tant dans le fait qu'elles permettent au traducteur de rendre correctement le *sens* – car les formulations en concurrence comportent toujours tous les éléments de sens –, mais dans le fait qu'elles lui permettent de guider le lecteur dans le *cheminement* de pensée de l'auteur. On parle donc ici bel et bien du message, mais plus au niveau du texte qu'au niveau de la phrase. Par conséquent, pour faire les choix opportuns, le traducteur doit avoir une bonne idée globale du texte et de l'enchaînement des idées : d'où arrive l'auteur et où s'en va-t-il?

➤ Voir aussi MISE EN RELIEF.

➢ *OTHER* COMME RUBRIQUE

On voit souvent le mot *other* comme rubrique, par exemple dans les ordres du jour, dans les tableaux ou graphiques statistiques, ou dans des documents généraux. La tentation est forte de traduire par **autres**. Or, on se rend compte que, fonctionnellement, la rubrique équivalente que l'on trouve dans des documents rédigés en français est plutôt **Divers**. Comme souvent, la rétrotraduction nous donne un moyen de vérifier la validité de cette observation : les dictionnaires nous disent que **divers** se traduit par *sundries* ou par *miscellaneous*, mais en pratique, on se rend compte que ces deux derniers mots sont rarissimes, par rapport au mot *other*, dans ce genre de contexte.

a) Ordres du jour et procès-verbaux

Voici pour commencer quelques exemples de rubriques trouvées dans des ordres du jour et des procès-verbaux :

Other	**Divers**
Other business	**Divers**
Other matters	**Divers**
Other fundraising	**Divers – financement**
Other communications	**Communication – divers**
Other finance	**Divers – finances**
Other finance news	**Divers – finances**

On remarque ici que le mot *other* n'est pas toujours employé seul. Comme on le voit au début de cette liste, quand le terme qui l'accompagne est assez vague, ou quand le contexte est assez clair, le mot **divers** suffira en soi.

Quant aux quatre derniers exemples, ils appellent un certain nombre d'observations.

Premièrement, il est évident (surtout en contexte) que *other communications* ne signifie pas « autres communications ». La personne chargée de ce point de l'ordre du jour ne va pas parler de certaines communications en particulier, autres que celles dont elle aura parlé précédemment. Elle abordera plutôt des sujets divers sur la question des communications de l'organisme, après avoir traité d'un ou deux sujets plus précis et plus importants – ayant fait l'objet de rubriques distinctes – dans ce même domaine d'activités. Il en va de même, de façon peut-être encore plus évidente, pour *other finance*, qui n'a pas le sens d'« autres finances ». Il s'agit plutôt d'une rubrique s'inscrivant dans une suite du genre *Budget, Investments, Other Finance.*

En revanche, *other finance news* veut sans doute dire assez littéralement « autres nouvelles sur les finances ». Toutefois, cette traduction n'est pas très idiomatique, et c'est parce qu'il sait que le mot *other* prend souvent fonctionnellement la place de **divers** que le traducteur songera à une traduction plus concise et plus élégante, comme **Divers – finances**. (On pourra évidemment se contenter de **Divers** s'il s'agit d'une sous-rubrique dont la rubrique principale serait **Finances**, cas assez fréquent.)

Enfin, *other fundraising* pourrait se situer quelque part entre les deux. S'agit-il de sujets résiduels concernant le financement, comme c'était le cas pour *other communications*, ou véritablement d'*autres moyens de financement*? C'est le contexte qui éclairera le traducteur, mais de toute façon, pour les mêmes raisons que celles qui sont énoncées précédemment, le mot **divers** conviendra parfaitement.

On remarquera par ailleurs que le mot **divers** peut se mettre indifféremment avant ou après le nom qui l'accompagne le cas échéant.

b) Tableaux et graphiques statistiques et listes

Voici maintenant quelques exemples tirés de listes ou de tableaux ou graphiques statistiques. Nous donnons les autres rubriques à titre de contexte.

Type of expenditure	**Nature des dépenses**
FTEs	**ETP**
Salary	**Salaire**
Other Operating	**Divers – fonctionnement**
Total	**Total**

What do we recover?	**Sur quoi porte le recouvrement?**
Salary	**Salaires**
Disbursements	**Débours**
O&M	**Fonctionnement et entretien**
Other recoveries	**Divers**

Administration costs	**Charges administratives**
Travel Expenses	**Déplacements**
Stationery	**Papeterie**
Telephone	**Téléphone**
Other expenditures	**Divers**

c) QUESTIONNAIRES ET FORMULAIRES

Puisque les questionnaires et formulaires font généralement référence à des cas individuels, le mot **autre(s)** y sera plus approprié que dans les autres circonstances.

Labour force status	**Situation sur le marché du travail**
Self-employed	**Travailleur autonome**
Employed	**Salarié**
Retired	**Retraité**
Unemployed	**Chômeur**
Other (specify)	**Autre (préciser)**

Who made the application?	**Qui a présenté la demande?**
Mother	**La mère**
Father	**Le père**
Other (specify)	**Quelqu'un d'autre (préciser)**

➢ PERSONNE (BASCULEMENT DE LA TROISIÈME À LA PREMIÈRE PERSONNE)

a) LE PROBLÈME

Le 1er mai 2003, sur le *USS Abraham Lincoln*, George W. Bush annonçait ainsi ce qu'il présentait comme la fin de la guerre en Irak :

> *In the battle of Iraq, the United States and our allies have prevailed*[111].

Ce passage soudain de la troisième personne (*the United States*) à la première (*our allies*) se fait naturellement en anglais, mais il serait impensable en français. Il est évident que l'équivalent français resterait à la troisième personne :

> **Les États-Unis et leurs alliés ont remporté la bataille**[112] **d'Irak.**

Ce phénomène constitue l'une des innombrables manifestations de ce que Vinay et Darbelnet ont appelé le « plan du réel » et le « plan de l'entendement » :

> Par plan du réel nous entendons le plan sur lequel la représentation linguistique côtoie la réalité concrète. Le plan de l'entendement est

[111] « Full Text: Bush Speech Aboard the USS Abraham Lincoln », *Washington Post*, 1er mai 2003, http://www.washingtonpost.com/ac2/wp-dyn/A2627-2003May1.

[112] Le mot **guerre** serait sans doute plus juste ici, mais ayant la responsabilité de respecter les intentions politiques de l'auteur du texte original, le traducteur se doit de conserver l'euphémisme.

> un niveau d'abstraction auquel l'esprit s'élève pour considérer la réalité sous un angle plus général[113].

Dans notre exemple, le président parle au nom des États-Unis. Puisqu'il en fait partie, il est donc en droit de dire « nos » alliés. C'est son lien *réel* avec ces alliés. En français, par contre, les contraintes grammaticales obligeront le rédacteur à utiliser la troisième personne, mais on n'y verra aucune incongruité, car le francophone est habitué à traiter le discours à un niveau d'abstraction supérieur[114].

L'auteur de ces lignes reçut un jour, à des fins de révision, un projet de texte de la part d'un autre bénévole de l'OTTIAQ. On pouvait y lire ce qui suit :

> « L'OTTIAQ offre aux grandes entreprises un service de diffusion des offres d'emploi par la poste et par l'entremise de notre site Web. »

Or, l'auteur de cette première mouture (bel et bien rédigée en français) était un anglophone.

Au milieu des années 90, le ministère de l'Éducation du Québec a fait traduire en anglais son nouveau programme d'enseignement religieux catholique. Par respect pour le caractère multiethnique et multireligieux du réseau scolaire, les auteurs du texte français avaient pris soin d'utiliser des tournures telles que « Les catholiques croient que... » au lieu de « Nous croyons que... » ou « En tant que catholiques, nous croyons que... » ou même d'un simple énoncé direct de la croyance en question.

Le traducteur a utilisé la tournure telle quelle en anglais : « *Catholics believe that...* ». Lorsque les enseignants anglophones catholiques à qui étaient destinés ces ouvrages ont vu le texte, ils ont fait savoir que celui-ci était erroné et inutilisable tel quel. En effet, pour eux, l'utilisation de la troisième personne excluait nécessairement la personne qui parle et celle à qui on s'adresse. Il aurait fallu écrire *We Catholics believe that...* Pour les lecteurs et rédacteurs francophones, ce niveau d'abstraction ne posait aucun problème.

---

[113] Jean-Paul VINAY et Jean DARBELNET, *Stylistique comparée du français et de l'anglais*, Montréal, Beauchemin, 1977, par. 41.

[114] Cette phrase illustre une autre manifestation très courante du même principe en français : l'utilisation du singulier renvoie en fait à des millions de francophones; c'est parce qu'on se situe sur le plan de l'entendement, et non sur le plan du *réel*, qu'on peut les désigner par un singulier.

b) PREMIER CAS : BASCULEMENT AU SEIN D'UNE MÊME PHRASE

En français, dans une même phrase, il est impensable de faire cohabiter la première et la troisième personne.

> *Canada will never be a haven for people who endanger our national security.*
> **Le Canada ne sera jamais un refuge pour les personnes qui menacent sa sécurité nationale.**

> *The Department is committed to achieving a diverse workforce that is representative of the Canadian workforce and of the Canadians we serve.*
> **Le Ministère est déterminé à se doter d'un effectif diversifié et représentatif de la population active du Canada et de la composition de sa clientèle.**

> *While we have some minimum penalties in our* Criminal Code*, Canada has historically used mandatory minimum sentences with restraint.*
> **Bien que le *Code criminel* prévoie certaines peines minimales, le Canada a usé de ce mécanisme avec modération.**

Le dernier exemple, dans lequel on traduit l'adjectif possessif *our* par l'article défini **le**, illustre un autre principe exposé dans le présent guide sous la rubrique *THIS*.

c) DEUXIÈME CAS : BASCULEMENT DANS LA DEUXIÈME PHRASE

Lorsqu'il s'agit de deux phrases distinctes, le traducteur peut-il enchaîner à la première personne comme on le fait en anglais? Le résultat risque fort de manquer d'élégance et d'idiomaticité, voire de clarté. Il vaut mieux conserver la troisième personne qui, comme nous l'avons vu, ne devrait pas déstabiliser le lecteur francophone.

> *The Department of Justice work to ensure that Canadians enjoy a justice system that is fair, accessible and efficient. We help the federal government to develop policy and to make laws as needed.*
> **Le ministère de la Justice veille à ce que la population canadienne bénéficie d'un système de justice qui soit juste, accessible et efficace. Il assiste le gouvernement fédéral dans l'élaboration de politiques et de lois selon les besoins.**

> *Canada Mortgage and Housing Corporation (CMHC) is home to Canadians. In everything we do, we help Canadians live in safe, secure homes.*
> **La Société canadienne d'hypothèques et de logement (SCHL) est au cœur de l'habitation. Toutes ses activités visent à aider les Canadiens et les Canadiennes à vivre dans un logement sûr à tout point de vue[115].**

Dans l'exemple suivant, on remarquera le passage du balancier entre la troisième et la première personne qui, s'il paraît tout à fait naturel en anglais, donnerait le mal de cœur au francophone et risquerait de le perdre :

> *Canadians expect and deserve a major say in determining Canada's role in the world. They want their values to be reflected in policies that govern our international relations. Federal leadership is required to give Canadians an agenda for constructive civic participation on global issues.*
> **Les Canadiens veulent avoir voix au chapitre dans la définition du rôle de leur pays sur la scène mondiale, et à bon droit. Ils veulent que la politique de relations internationales de leur pays reflète leurs valeurs. Aussi le gouvernement fédéral doit-il prendre des mesures énergiques pour donner à la population un programme de participation civique aux dossiers d'envergure mondiale.**

C'est le sacro-saint souci de cohérence, caractéristique du français, qui amènera le traducteur à rester à la troisième personne tout au long du texte.

d) TROISIÈME CAS : BASCULEMENT SUR PLUSIEURS PHRASES

Que faire avec un texte qui commence par la troisième personne et poursuit sur plusieurs paragraphes avec des *we* et des *our*? Il faut souligner que le **nous**, en soi, est évidemment tout à fait acceptable pour désigner une entreprise ou une association quand le signataire parle au nom de cette dernière. Ce qui pose problème, c'est la cohérence interne du texte; aussi, si le traducteur souhaite adopter l'angle du rédacteur anglophone (c'est-à-dire profiter du caractère moins formel de la première personne), il pourra le faire, mais en veillant à opérer la coupure là où elle choquera le moins le souci de cohérence du génie français. Un changement de paragraphe pourrait être une bonne occasion. Un traducteur plus scrupuleux attendra la venue d'au moins un paragraphe

[115] http://www.cmhc-schl.gc.ca/en/About/whwedo/index.cfm et http://www.cmhc-schl.gc.ca/fr/Info/cenofa/cenofa_003.cfm.

dénué de toute référence du genre, à titre de tampon. Encore une fois, il s'agira de faire preuve de jugement.

Il est aussi possible de maintenir le fil en variant les procédés au lieu de s'en tenir continuellement au pronom ou à l'adjectif possessif :

> *Canada has been investigating and bringing to justice suspected war criminals since the late 1980's. We are also one of the few countries to create an internationally respected war crimes program. Over the years we have learned a great deal about the most efficient and effective ways to deal with suspected war criminals [...].*
> **Le Canada mène des enquêtes et traduit des criminels de guerre en justice depuis la fin des années 80. C'est aussi un des rares pays à avoir mis sur pied un programme respecté à l'échelle internationale dans ce domaine. Au fil des ans, le Canada a beaucoup appris au sujet des moyens les plus efficaces de traiter les dossiers de personnes soupçonnées de crimes de guerre [...].**

➤ Voir aussi *THIS*.

➢ PROFESSIONNEL

a) L'ANGLICISME

En français, un professionnel est une « personne qui exerce régulièrement une profession, un métier, par opposition à un amateur » (GDT). Le mot *professional* a aussi ce sens en anglais, mais son sens principal dans cette langue est le suivant : « *a person who has the type of job that needs a high level of education and training* » (CALD). Ce sens spécifique ne correspond pas à **professionnel**. En français, un plombier peut être un professionnel s'il gagne sa vie au moyen de cette activité. En conséquence, il est erroné de croire que le mot **professionnel** puisse et doive être réservé aux personnes dont la principale caractéristique est de posséder un diplôme universitaire et d'exercer un travail intellectuel.

Dans une longue étude inédite intitulée *Qu'est-ce qu'un professionnel au Québec?*, le juge Robert Auclair, président de l'Association des usagers de la langue française[116], présente le tableau récapitulatif suivant :

Occupation en anglais		**Profession** en français	
Trade (occupation manuelle ou artisanale)	*Learned profession*	**Métier** (occupation manuelle ou artisanale)	**Profession libérale**
L'ouvrier à son compte est un *craftsman.*	Le diplômé à son compte est un *professional.*	L'ouvrier à son compte est un **artisan**.	Le diplômé à son compte est un **professionnel libéral**.
L'ouvrier salarié est un *employee.* (p. ex. : plombier)	Le diplômé salarié est un *professional employee.* (p. ex. : avocat)	L'ouvrier salarié est un **salarié**. (p. ex. : plombier)	Le diplômé salarié est un ???. (p. ex. : avocat)
La personne qui a une *occupation* dont elle tire ses moyens d'existence n'est pas dénommée d'une façon particulière.		La personne qui exerce une profession dont elle tire ses moyens d'existence est un **professionnel**.	

De nombreuses sources, au moins depuis Dagenais (Dag), indiquent que c'est plutôt par **membre d'une profession libérale** qu'il faudrait traduire en français ce sens spécialisé de *professional.* Cette recommandation, tout à fait légitime, pose toutefois deux problèmes.

Le premier, c'est bien évidemment la longueur. On remarque cependant que l'expression **professionnel libéral** est maintenant attestée et reconnue comme synonyme. (Nous y reviendrons plus loin, et proposerons aussi d'autres solutions de rechange.)

Le second problème, comme le met en évidence le tableau ci-dessus, c'est que, traditionnellement, **libéral** dans ce sens s'oppose à **salarié**. Que dira-t-on alors des comptables, avocats, etc., qui travaillent dans la fonction publique ou qui sont salariés dans un cabinet?

[116] Aujourd'hui Association pour le soutien et l'usage de la langue française (ASULF).

b) UN PROFESSIONNEL LIBÉRAL PEUT-IL ÊTRE SALARIÉ?

Dans son mémoire, Auclair fait remarquer que « l'évolution sociale a modifié sensiblement l'exercice des professions libérales, même de celles qui le sont par excellence depuis fort longtemps et de façon incontestée. Ainsi, suivant un sondage fait par le Barreau du Québec, en 1987, 56 % des avocats au Québec exercent leur profession en cabinet, 11 % travaillent dans l'entreprise privée et 33 % dans les secteurs public et parapublics[117] ». Il en conclut ceci :

> L'extension du sens de **professionnel libéral** pour inclure le salarié est justifiée, même si elle n'est pas encore consignée dans les dictionnaires parce que l'évolution de l'exercice des professions libérales en France, celle de l'avocat par exemple, est différente de celle qui a lieu ici. [...] Au Québec, les membres des professions libérales, qu'ils soient salariés ou autonomes, font partie du même ordre professionnel, ce qui n'est pas le cas par exemple des avocats en France, un avocat salarié ne pouvant être membre du Barreau[118].

Le législateur fédéral semble d'accord avec cette orientation. En effet, dans le *Code canadien du travail*, on traduisait à l'origine *professional employee* par « professionnel », mais depuis une quinzaine d'années, on a remplacé ce terme par **membre de profession libérale**, que l'on définit comme suit :

> Employé qui :
> *a*) d'une part, dans le cadre de son emploi, utilise un savoir spécialisé normalement acquis après des études menant à un diplôme universitaire ou délivré par un établissement du même genre;
> *b*) d'autre part, est membre ou a qualité pour être membre d'une organisation professionnelle habilitée par la loi à définir les conditions d'admission en son sein[119].

Mentionnons par ailleurs que la situation semble avoir évolué en France également depuis la rédaction du mémoire d'Auclair (1989); en effet, dans la nomenclature des Professions et catégories socioprofessionnelles des emplois salariés d'entreprise (PCS-ESE) de 2003, l'Institut national de la statistique et des études économiques (INSEE) crée une catégorie **Professions libérales (exercées sous statut de salarié)**[120]. Dans la version 1982 de la même nomenclature[121], cette catégorie n'existait pas. Il n'est pas sans intérêt, pour la

[117] Robert AUCLAIR, *Qu'est-ce qu'un professionnel au Québec?*, Québec, 1989, p. 13. Inédit.
[118] Robert AUCLAIR, *Qu'est-ce qu'un professionnel au Québec?*, Québec, 1989, p. 18-19. Inédit.
[119] *Code canadien du travail*, L.R.C. ch. L-2, 3(1).
[120] INSEE, http://www.insee.fr/fr/nom_def_met/nomenclatures/pcs/htm/L03_N2.HTM.
[121] INSEE, http://www.insee.fr/fr/nom_def_met/nomenclatures/pcs82/pages/pcs82.htm.

suite de notre propos, de remarquer que cette catégorie rentre sous la rubrique **Cadres et professions intellectuelles supérieures**[122].

c) Un professionnel libéral est-il obligatoirement membre d'un ordre?

On considère généralement qu'un *professionnel libéral* est régi par un ordre professionnel. Cet élément fait en tout cas partie intégrante de la définition du *Code canadien du travail* citée dans la section précédente. Auclair va jusqu'à dire qu'« il paraît donc abusif d'appeler "professionnels" des diplômés universitaires qui font un travail technique ou intellectuel indépendamment du fait qu'ils soient régis par un ordre professionnel ou non[123] ». Auclair propose d'utiliser simplement le terme **diplômé** si la personne n'est pas membre d'un ordre.

Or, si les avocats, les notaires, les médecins, les architectes, etc., qui sont les professionnels à qui l'on pense spontanément quand on parle de professions libérales, sont effectivement régis par un ordre, il ne faudrait pas en déduire que cet élément constitue un trait indispensable de la définition du terme. Voyons par exemple la définition de **profession libérale** donnée par le GDT :

> Profession d'ordre intellectuel, parfois artistique, non commerciale, *exercée librement ou* sous le seul contrôle d'une organisation professionnelle, et rémunérée par des honoraires[124]*.

Même le *Trésor de la langue française* accorde une certaine latitude :

> Mod. **Profession libérale** ou **professionnels libéraux** [...]. Celle qui s'exerce (ou celui qui exerce son métier) dans une relative indépendance, refusant toute ingérence de l'État et n'acceptant *éventuellement* qu'un contrôle limité d'une organisation professionnelle propre*.

De façon encore plus explicite, on peut lire dans le site Web de l'Office régional d'information, de formation et de formalités des professionnels libéraux (ORIFF PL) de Midi-Pyrénées :

> Contrairement à ce que l'on pourrait penser, il n'existe aucune définition légale de la profession libérale. La seule définition juridique que l'on puisse trouver est en fait une définition par défaut : est libéral celui qui n'exerce ni une activité commerciale, ni

[122] INSEE, http://www.insee.fr/fr/nom_def_met/nomenclatures/pcs/htm/P03_3.HTM.
[123] Robert Auclair, *Qu'est-ce qu'un professionnel au Québec?*, Québec, 1989, p. 26. Inédit.
[124] GDT, sous **profession libérale**.

> une activité artisanale ou agricole. [...] À cet égard, il convient d'opérer une distinction entre deux types de professions libérales : Les professions libérales réglementées [...] ont été classées dans le domaine libéral par la loi. [...] Les professions libérales non réglementées regroupent l'ensemble des autres professionnels qui entrent dans le champ de la définition de l'exercice libéral[125].

On donne entre autres comme exemples de professions libérales non réglementées celles du traducteur, du consultant et de l'ostéopathe.

Il existe cependant d'autres solutions, notamment le mot **spécialiste**, ainsi défini par l'OQLF, en tant que synonyme de **professionnel libéral**, pour traduire *professional* :

> Personne qui exerce, pour son propre compte ou pour le compte d'autrui, un travail de caractère intellectuel ou technique, reposant sur une formation poussée [et] exigeant des connaissances particulièrement vastes et tenues à jour[126].

Le même terme est retenu par le Ménard, avec les mêmes synonymes (**membre d'une profession libérale** et **professionnel libéral**) et une définition presque identique.

Pour désigner spécifiquement le membre d'un ordre professionnel, Auclair rapporte les propos d'un spécialiste du ministère fédéral de la Justice, Alexandre Covacs, qui propose le néologisme **ordoprofessionnel**.

Enfin, pour compléter ce tour d'horizon, soulignons avec grand intérêt deux autres termes fort valables proposés dans le *Lexique des relations de travail* de la Commission des relations de travail dans la fonction publique, à savoir **travailleur intellectuel** et **employé de formation spécialisée**[127].

---

[125] Office régional d'information, de formation et de formalités des professionnels libéraux (ORIFF PL) de Midi-Pyrénées, http://www.unapl-mp.org/liste%20liberal.htm.

[126] GDT, sous **spécialiste**. À noter que cette fiche date de 2000. En 1991, dans son *Vocabulaire des conventions collectives*, l'OLF donnait deux définitions distinctes pour **spécialiste** et **professionnel libéral**, ce dernier se démarquant par l'absence de « lien de subordination entre celui qui l'effectue [le travail] et celui pour le compte duquel il est effectué ».

[127] **Employé** est la traduction d'*employee* dans le *Code canadien du travail*, mais si le contexte ne renvoie pas à ce texte de loi, on le remplacera avantageusement par **salarié**, terme utilisé notamment dans le *Code du travail* du Québec.

➢ *PROPOSED*

Voilà un joli petit mot qui cache un piège bien sournois. Comment traduire (et comprendre) l'expression *proposed accord*, qu'on voyait au petit écran dans les annonces portant sur le référendum de 1995?

Pour répondre à cette question, il faut comprendre que le mot anglais *propose* correspond à deux formes en français : la forme transitive **proposer** et la forme pronominale **se proposer de**. Or, comme le montrent les exemples qui suivent, ces deux formes correspondent à des sens tout à fait différents.

Premier sens :

> *Kelly O'Brien proposes an agenda change.*
> **Kelly O'Brien propose une modification à l'ordre du jour.**
>
> *We propose that this phrase be defined in the Act.*
> **Nous proposons que cette expression soit définie dans la *Loi*.**

Deuxième sens :

> *However, the Commission does not propose to examine specific applications to alter rates in the context of this proceeding.*
> **Toutefois, la Commission n'a pas l'intention d'examiner dans le cadre de la présente instance des requêtes particulières visant à modifier des tarifs.**
>
> *The Branch will review the documents released and compare them with the documents that the same departments and agencies propose to provide to the Commission of Inquiry.*
> **La Direction examinera les documents rendus publics en les comparant à ceux que les mêmes ministères et organismes entendent déposer à la Commission d'enquête.**
>
> *Where two or more corporations propose to amalgamate in the circumstances set out in subsection 110(4), [...].*
> **Si au moins deux personnes morales se proposent de fusionner dans les circonstances visées au paragraphe 110(4), [...].**

La forme du participe passé, *proposed*, peut prendre l'un ou l'autre de ces sens. Lorsqu'il prend le premier, on le traduira correctement par **proposé**. Mais lorsqu'il prend le deuxième, on le rendra plus justement par **projeté** ou **envisagé**. À titre de règle générale, mentionnons qu'il prend généralement le second sens quand il est utilisé comme adjectif (donc quand il précède le nom qu'il modifie) et le premier sens lorsqu'il est utilisé comme participe passé (donc lorsqu'il occupe une place variable dans la phrase). Nous ne donnons ici que des cas où il est utilisé comme adjectif, les autres allant de soi. Dans les deux premiers cas, il s'agit bien du sens de « proposé ». Dans les autres, il s'agit du sens de « projeté », que nous traduisons parfois par des synonymes.

Do members agree with the proposed objectives?
Les membres sont-ils d'accord avec les objectifs proposés?

ABC's proposed plan is affordable.
Le plan proposé par ABC est réaliste.

An issue put forward in the consultation paper is whether or not the proposed regulations should provide for fees to be paid to service providers.
Le document de consultation pose entre autres la question de savoir si le règlement projeté devrait prévoir le versement d'une indemnité aux fournisseurs de services.

The proposed strategy is comprised of three key components.
La stratégie projetée comporte trois grands volets.

The intervener must set out how its proposed submissions will differ from those of the other parties.
L'intervenant doit indiquer en quoi les arguments qu'il envisage diffèrent de ceux des autres parties.

Government will have to cover lost revenue due to proposed waiving of licensing and registration fees.
Le gouvernement devra éponger le manque à gagner résultant de l'annulation envisagée des frais de demandes de permis et d'enregistrement.

A new global alliance was born today to defend small-scale producers threatened by current and proposed World Trade Organization rules.
Une nouvelle alliance mondiale est née aujourd'hui pour défendre les petits producteurs menacés par les règles actuelles et éventuelles de l'Organisation mondiale du commerce.

➢ *PUBLIC*

Devant la grande fréquence du substantif *public* en anglais, le traducteur ferait bien de se souvenir de cette observation de Bénac :

> **Public** vieillit[128] pour désigner le peuple considéré comme l'objet des soins des gouvernants, de l'administration et des services de chaque particulier [...]; par opposition aux particuliers, on dit plutôt **collectivité**, le peuple considéré comme ayant des intérêts communs; **public** se disant plutôt de la partie du peuple dont s'occupent les diverses administrations, ou du peuple considéré comme ayant des réactions communes devant certaines nouvelles dont on l'informe, certaines œuvres littéraires ou artistiques qu'on lui présente : [...] **Donner un ouvrage au public** (ACAD.)[129].

Ainsi, on réservera le mot **public** aux circonstances où ce mot s'apparente à **assistance**, à **auditoire**, voire à **clientèle** au sens moderne, c'est-à-dire dans les cas où l'on évoque un rapport (service, communications quelconques) entre cette masse et soit le gouvernement, soit une entreprise, soit un ouvrage, soit évidemment un média. Sinon, il sera plus naturel d'utiliser au sens général le mot **population**.

Voici pour nous éclairer les définitions du mot **public** selon *Le Petit Robert* :

> 3. Plus cour. Ensemble des personnes que touche une œuvre (littéraire, artistique, musicale), un spectacle, un média. [...] Ensemble de personnes qui assistent effectivement à un spectacle, à une réunion, à une manifestation. [...] Les personnes devant lesquelles on parle ou on se donne en spectacle.

Le Petit Robert donne certes, au sens 2, un sens plus général au mot : « Les gens, la masse de la population; la foule », mais les exemples montrent bien qu'il s'agit toujours d'une masse considérée dans son rapport avec une autre entité : **Le public est avisé, informé des décisions du gouvernement. Les éditions spéciales [...] entretiennent la fièvre du public.** Par ailleurs, soulignons qu'il accole au sens 3, cité ci-dessus, la mention « plus courant ». (Le sens 1, donné comme « vieux », est étranger à notre propos.)

---

[128] À noter qu'il s'agit ici de l'édition de 1983, et que la première version du dictionnaire de Bénac remonte à 1956, tous signes qui laissent supposer que le processus de « vieillissement » évoqué ici pourrait être particulièrement avancé au début du XXIe siècle...

[129] Bénac, sous **peuple**.

Voici donc quelques exemples où le mot anglais *public* gagnerait à être traduit par **population**, puis d'autres où le mot **public** convient en français.

> *The poll showed that 75% of the Canadian public agrees with that statement.*
> **Le sondage indique que 75 % de la population canadienne est d'accord avec cet énoncé.**
>
> *The public plays a crucial role in determining the path of global development.*
> **La population joue un rôle crucial dans l'orientation du développement mondial.**
>
> *Communicating with the public is not only a matter of providing information but also of listening to the public.*
> **Les échanges avec le public consistent non seulement à l'informer, mais aussi à l'écouter.**
>
> *We will have more integrated services to public.*
> **Nos services au public seront plus intégrés.**

➢ RE-

Nombreux sont les observateurs qui nous mettent en garde contre l'abus du préfixe **re-**, rappelant que les mots qui comportent ce préfixe doivent normalement exprimer une idée de retour ou de répétition. Tout en admettant que le Canada français abuse parfois de ce préfixe, il faut tout de même rappeler que beaucoup de ces mots, en français standard contemporain, ont aussi des sens qui se passent de l'idée de répétition.

a) RENTRER

Ainsi, à l'article **rentrer**, *Le Petit Robert* réserve une section complète de définitions – au nombre respectable de cinq – pour lesquelles il précise : « Sans idée de répétition ni de retour » :

> 1. Abusif, mais cour. Entrer. « On rentre dans la cathédrale » (Claudel). [...] 2. (Emploi « intensif ») [...] **Sa voiture est rentrée dans un arbre.** [...] **Faire rentrer qqch. dans la tête (de qqn)** [...] 3. S'emboîter, s'enfoncer. **Les tubes de cette lunette d'approche rentrent les uns dans les autres.** [...] 4. Trouver sa place, être contenu. **Cela ne rentrera jamais dans ma valise.** [...] – (Abstrait) Être compris, contenu, inséré dans. [...] **rentrer dans une catégorie. Cela ne rentre pas dans mes attributions.**
> 5. (1798) Être perçu, en parlant de l'argent. **Faire rentrer l'argent.**

Nous avons élagué l'article ici, mais le traducteur de textes administratifs sera particulièrement intéressé par la deuxième partie du sens 4 ci-dessus, qui homologue les expressions comme **rentrer dans une catégorie**.

b) RETROUVER

De la même manière, contrairement à ce qu'on entend parfois, le mot **se retrouver** peut être utilisé même pour une situation que l'on vit pour la première fois. Il s'agit de la définition suivante du *Petit Robert* : « Se trouver soudainement dans une situation. » Voici quelques exemples qui suivent cette définition :

> **Se retrouver sans travail, au chômage.**
> **Il se retrouva dans le fossé.**
> **Il perdit sa femme et se retrouva seul.**

Ce sens n'existe que sous la forme pronominale. Mais même la forme non pronominale peut être utilisée dans des contextes où le traducteur trop scrupuleux pourrait l'éviter. Ainsi, on ne dira pas « On retrouve ce livre dans toutes les bonnes librairies » si l'on veut simplement signaler que le livre en question *se trouve* ou *est en vente* dans toutes les librairies. Par contre, on dira :

> **Le critère du motif religieux, dans la définition d'« acte terroriste », n'est pas propre au Canada. On le retrouve dans les lois des autres grands pays du Commonwealth.**

En effet, ici, on *retrouve* ce critère dans d'autres lois *après l'avoir observé une première fois* au Canada.

c) REJOINDRE

Le cas de **rejoindre** est un peu moins évident. Que signifie **rejoindre un parti politique**, exemple cité dans *Le Petit Robert*? Cet exemple est censé illustrer la définition suivante : « Se joindre de nouveau à (un groupe); aller retrouver (une ou plusieurs personnes). » Est-ce qu'on ne peut rejoindre un parti politique que si on l'avait quitté auparavant? Les autres exemples du *Petit Robert* autorisent cette interprétation, non sans équivoque toutefois. Ainsi, si on parle de « réfractaires qui refusent de rejoindre l'armée », s'agit-il de personnes qui ont déserté ou qui refusent le service militaire dès le premier appel? Un sens secondaire ouvre la porte à l'utilisation du mot sans idée de répétition : « Gagner, regagner (un lieu). "Il rejoint le boulevard Saint-Germain" (Romains). **Rejoindre son poste.** »

Ici, on laissera au traducteur le soin de tirer ses propres conclusions. Deux choses sont claires cependant, toujours à la lecture du *Petit Robert.* Premièrement, lorsqu'il s'agit de choses, l'idée de répétition n'est pas nécessaire : « Par ext. (Choses) Venir en contact avec. **La rue rejoint le boulevard à cet endroit.** » Deuxièmement, quand il s'agit d'entrer en communication avec quelqu'un, l'usage, à tout le moins, veut que ce soit le mot **joindre** qui soit utilisé : **joindre quelqu'un par téléphone**[130].

d) RECONDUIRE

Ce cas illustre bien avec quel soin on doit traiter les mots commençant par **re-**. L'OQLF nous rappelle en effet qu'il faut dire :

> **La veille de son départ, il lui a offert d'aller la conduire** (et non « reconduire ») **à l'aéroport.**

En effet, **reconduire quelqu'un**, nous dit *Le Petit Robert*, c'est « accompagner (une personne qui s'en retourne, qui s'en va). » Ici, il ne semble pas y avoir de latitude possible : tous les exemples donnés par *Le Petit Robert* comportent cette idée de retour, qui est donc indissociable du mot **reconduire**. Ainsi, si on peut reconduire des enfants chez leurs parents (PRob), les parents eux-mêmes ne vont pas « reconduire » leur enfant chez un ami pour une fête.

➢ RENCONTRER

a) CE QU'ON NE PEUT PAS RENCONTRER EN FRANÇAIS

Il est entendu qu'on ne peut pas calquer le mot *meet* dans des expressions comme les suivantes :

to meet a deadline	**respecter une échéance**
to meet payments	**faire face à ses obligations financières**
to meet a payment	**faire un versement**
to meet a need	**répondre à un besoin**
to meet requirements	**satisfaire à des exigences**
to meet a goal	**atteindre un objectif**

Remarquons que, dans tous ces exemples, *meet* a le sens de « satisfaire à des exigences », « respecter une obligation ».

[130] *Petit Robert*, sous **joindre**.

b) CE QU'ON PEUT RENCONTRER EN FRANÇAIS

C'est cependant à tort que bien des traducteurs évitent des expressions comme **rencontrer un problème**. En effet, *Le Petit Robert* donne ceci comme deuxième et troisième sens de **rencontrer** :

> 2. Se trouver près de, en présence de (qqch.). [...] « Chacun s'arme au hasard du livre qu'il rencontre » (Boileau), qui lui tombe sous la main. – Un des sites « les plus mélancoliques qu'il m'ait été donné de rencontrer » (Loti). **Rencontrer fréquemment un mot chez un auteur.** <> Se trouver en présence de (un obstacle, une résistance). [...] **Elle recula et rencontra le mur. Le vent ne rencontrait aucun obstacle.** [...] 3. Fig. Se trouver en présence de (un événement, une circonstance fortuite, une réaction qu'on a suscitée). **Rencontrer une occasion.** [...] **Ce projet rencontre une violente opposition.**

Ajoutons qu'il serait assez difficile de considérer **rencontrer un problème** comme un anglicisme puisque « to meet a problem » ne se dit pas en anglais. Et d'ailleurs, cette expression fictive nous aide à faire la distinction entre le sens à bannir et le sens à accepter en français : si l'expression « to meet a problem » existait, elle signifierait plutôt quelque chose comme « régler un problème », et non le « rencontrer ».

On voit que **rencontrer** a un sens figuré qui est bien réel, mais bien distinct de celui qu'on lui refuse. Il suffit de s'imaginer une personne qui « chemine », toujours au sens figuré (dans la vie, dans sa carrière, dans un projet), et qui « rencontre », comme le dit *Le Petit Robert*, « un événement, une circonstance fortuite ». Si c'est le sens qu'on veut donner au mot **rencontrer**, il n'y a pas lieu de s'en priver.

➢ *ROLES AND RESPONSIBILITIES*

a) *ROLES AND RESPONSIBILITIES...*

Est-il nécessaire de rendre ce doublet par deux mots distincts en français?

En fait, il est extrêmement rare qu'un paragraphe chapeauté par cette expression énonce de façon distincte, d'une part, les *roles*, et d'autre part, les *responsibilities*. C'est qu'il s'agit presque immanquablement d'un doublet.

Par quoi allons-nous le traduire? Commençons par observer que, même pour traduire les deux mots individuellement, **rôles** et **responsabilités** ne conviennent pas toujours en français. Le mot **rôle** est un mot général de la langue courante et non de la langue administrative ou judiciaire. Quant au mot **responsabilité**, *Le Petit Robert* lui donne trois sens. Le premier ne nous intéresse pas ici. Le deuxième est un sens strictement juridique qui correspond grosso modo à l'anglais *liability* : « Obligation de réparer le dommage que l'on a causé par sa faute, dans certains cas déterminés par la loi. » Le troisième, enfin, est celui qui se rapproche le plus de celui qui nous intéresse, mais il revêt en français un poids et une étendue qui dépassent le simple sens administratif dont nous nous occupons ici : « Obligation ou nécessité morale, intellectuelle, de réparer une faute, de remplir un devoir, un engagement. »

La rubrique qui équivaut en français à *Roles and responsibilities* est **Attributions**, s'il s'agit de pouvoirs, ou **Fonctions** dans un sens administratif plus général.

> *Clarity regarding the roles and responsibilities of regulators, oversight authorities and the Competition Bureau is in everybody's interest.*
> **Il est dans l'intérêt de tous de définir clairement les attributions respectives des organismes de réglementation, des organismes de surveillance et du Bureau de la concurrence.**

> *The roles and responsibilities of employees in writing work descriptions vary from department to department.*
> **Les fonctions exactes des employés à l'égard de la rédaction des descriptions de travail varient d'un ministère à l'autre.**

Hors d'un contexte juridico-administratif, on peut toujours se rabattre sur les mots **rôles** et **responsabilités**, qui relèvent, comme nous l'avons vu plus haut, de la langue générale.

> *We should clarify the roles and responsibilities of civil society in conflict prevention and humanitarian assistance vis-à-vis proposed expansion of roles of military and political personnel.*
> **Nous devons clarifier les rôles et les responsabilités de la société civile en matière de prévention des conflits et d'assistance humanitaire par rapport aux attributions accrues que l'on compte accorder aux acteurs politiques et militaires.**

Notons que, même hors du contexte administratif, le traducteur, éclairé par ce qui précède, a toujours le loisir de diagnostiquer un doublet. Ici, on serait en droit de supposer que l'auteur anglais se trahit en utilisant d'abord le doublet *roles and responsibilities* puis en utilisant *roles* tout seul à la fin de la phrase, alors que le contexte montre clairement qu'il parle de la même notion en parallèle. Toutefois, s'il veut rester prudent, le traducteur pourra toujours traduire les deux termes, comme nous l'avons fait ici. Ajoutons qu'en l'occurrence, le mot **rôles** aurait été préférable à **attributions** dans la deuxième partie de la phrase, mais qu'il a fallu s'en passer pour éviter la répétition.

Voici un autre exemple où le traducteur peut décider de conserver les deux mots :

> *Although the report focuses specifically on the roles and responsibilities of states, its approach should also help humanitarian actors to be clearer about their own protection responsibilities.*
> **Bien que le rapport porte principalement sur les rôles et les devoirs des États, l'approche qui y est exposée devrait aussi aider les acteurs humanitaires à définir plus clairement leurs propres responsabilités en matière de protection.**

b) ... ET CONSORTS

Il est à souligner que les mots anglais *powers*, *duties*, *authority* et *function*, bien qu'on puisse toujours leur trouver des sens spécifiques, sont souvent utilisés dans diverses combinaisons (constituant autant de doublets ou de triplets) pour exprimer à peu près toujours la même notion. Citons comme seul exemple le texte de la commission par laquelle la gouverneure générale a nommé son suppléant le 30 mars 2000 :

> *I [...] hereby nominate, constitute and appoint you, William Ian Corneil Binnie, to be my Deputy within Canada and in that capacity to exercise [...] all the powers, authorities and functions vested in and of right exercisable by me as Governor General [...].*
> **[...] je vous constitue et vous nomme, par les présentes, vous, William Ian Corneil Binnie, mon suppléant au Canada pour, à ce titre, exercer [...] toutes attributions qui me sont dévolues et que je peux exercer de droit à titre de Gouverneure générale [...][131].**

c) *RESPONSIBILITIES* PRIS ISOLÉMENT

Il faut se garder de traduire mécaniquement le mot anglais *responsibilities* tout seul par **responsabilités**. En effet, les mots **attributions**, **fonctions** et **obligations** sont parfois plus appropriés dans certains contextes. Voici quatre exemples qui départagent bien les quatre termes.

[131] *Journaux du Sénat*, 49 Elizabeth II, A.D. 2000, n° 41, le jeudi 30 mars 2000.

The provisions of this article are without prejudice to the responsibilities of the Committee under article 41.
Les dispositions du présent article n'ont aucune incidence sur les attributions du Comité énoncées à l'article 41.

Major responsibilities of the Executive Director include: [...]
Les principales fonctions du directeur général sont les suivantes : [...]

Ensure managers and employees know rights and responsibilities.
Informer les cadres et les employés de leurs droits et obligations.

A person entitled to custody of a child has the rights and responsibilities of a parent in respect of the person of the child.
Quiconque a, à l'égard d'un enfant, un droit de garde possède les droits et les responsabilités d'un père ou d'une mère relativement à la personne de l'enfant.

Enfin, il est des cas où **obligation morale** offre un moyen terme idéal, **obligation** tout court pouvant parfois sembler trop fort :

He shares our idea that Canada has a responsibility to help the rest of the world.
Comme nous, il croit que le Canada a l'obligation morale d'aider le reste du monde.

➢ « SIDÉEN », **SIDATIQUE**

Le mot « sidéen », recommandé officiellement en France depuis 1987, est aussi d'usage répandu au Québec.

Ce mot a été proposé pour remplacer **sidatique**, jugé péjoratif. Or, il se trouve que **sidatique** était bien formé, et que « sidéen » ne l'est pas. Une personne atteinte d'asthme est un *asthmatique* et non un « asthméen »; une personne atteinte de paralysie est un *paralytique* et non un « paraléen »; une personne atteinte d'épilepsie est un *épileptique* et non un « épiléen ».

Inversement, un *Fidéen* était une personne qui habitait Sainte-Foy avant la fusion des municipalités environnant Québec; un *Cananéen* était une personne habitant le pays de Canaan et un *Canadien* est une personne qui habite le Canada. Il ne viendrait à l'esprit de personne d'appeler ces personnes « Fidatiques », « Cananétiques » ou « Canadatiques ». Un « sidéen » serait donc une personne qui habite le Sida, ce qui n'a aucun sens.

Le néologisme mal formé « sidéen » est né d'un souci bien connu depuis une trentaine d'années et que l'on appelle souvent la *rectitude politique* ou la *néo-orthodoxie* (Jean-Claude Boulanger, de l'Université Laval, a parlé de *néobienséance langagière*). Nous ne commenterons pas ce courant ici, car beaucoup l'ont fait avant nous. Constatons cependant une chose : on peut être pour ou contre le remplacement d'**aveugle** par **non-voyant** ou de **handicapé** par **personne handicapée**, mais il demeure que ces derniers substituts sont bien formés, ce qui n'est pas le cas de « sidéen ».

Ajoutons, comme si ce n'était pas évident, que le mot **sidatique** ne comporte en soi rien de péjoratif (contrairement à **sidaïque**, qui a été utilisé en France par les milieux d'extrême-droite et transportait avec lui les stigmates du mot **judaïque**), sinon toute la haine et les préjugés exprimés par certaines personnes à l'égard de la maladie et de ceux qui en étaient atteints, surtout à l'époque où celle-ci était principalement associée aux Noirs et aux homosexuels. Or, ces esprits chagrins sont tout aussi capables de stigmatiser « sidéen » que **sidatique** ou que n'importe quel mot qu'on trouvera par la suite.

➤ Voir aussi *VIH/AIDS*.

➢ SIÈCLE

a) CHIFFRES ROMAINS OU CHIFFRES ARABES?

Bien que le *Guide du rédacteur* signale qu'« on rencontre de plus en plus les chiffres arabes dans les ouvrages récents[132] » pour désigner les siècles (p. ex. : le 18e siècle), toutes les autres sources (y compris d'ailleurs le *Guide* lui-même) préconisent les petites capitales : **le XVIIIe siècle**. À moins de savoir d'avance qu'il s'adresse à un public peu instruit, le traducteur respectera cet usage typique du français. Il est fortement probable, en effet, que l'utilisation des chiffres arabes dans ce contexte découle simplement de l'influence de l'anglais.

b) *THE LATE 1800S*

Le traducteur qui traduit *the late 1800s* par « la fin des années 1800 », comme on le voit trop souvent, commet un faux sens. En effet, *the late 1800s* doit généralement se rendre par **la fin du XIXe siècle**, c'est-à-dire à peu près les années allant de 1885 à 1900. En français, **la fin des années 1800** signifierait « les années allant de 1806 à 1809 environ ».

---

132 *Guide du rédacteur* (GR), par. 2.3.5.

Évidemment, le rédacteur anglophone qui veut désigner précisément cette dernière période devra lui aussi utiliser l'expression *the late 1800s*, ce qui donne lieu à une ambiguïté qu'il lui appartiendra de lever. Heureusement, ce n'est pas le problème du traducteur et du rédacteur francophones.

➢ SLOGANS ET TITRES

La traduction des slogans et des titres est sans doute l'un des domaines où il y a lieu de laisser un maximum de liberté au traducteur. Aussi, l'objet du présent article n'est certainement pas de lui donner des recettes, et encore moins de couper ses élans; conformément à l'esprit de l'ensemble de l'ouvrage, il s'agit plutôt de montrer des pistes, d'attirer l'attention du lecteur sur certaines particularités du français afin de favoriser la création de traductions idiomatiques.

a) INTRODUCTION

Tous les traducteurs auront remarqué que, dans les slogans et les titres, en anglais, le verbe est roi. Ce verbe peut prendre, d'une part, la forme de l'infinitif ou de l'impératif (qui est la même morphologiquement) ou, d'autre part, celle du participe présent :

> *Scratch and Save!*
> *"Design the Box" Contest*
> *Keeping Our Children Safe*
> *Rethinking Government*

À cette avalanche de verbes, le français *peut* répondre parfois par un verbe aussi. Sans être fautif en soi, l'usage du verbe paraît souvent maladroit. Ainsi, le concours de Quaker nommé dans le deuxième exemple ci-dessus s'appelle en français « Concours "Dessinez la boîte" ». Il y a lieu de croire que s'il avait été créé en français, on l'aurait baptisé autrement.

Justement, quelles sont les formes que prennent les slogans et les titres en français? Quand, au Québec, on observe ceux qui ont été créés dans cette langue, on remarque au moins quatre grands procédés utiles pour traduire ces fameux verbes anglais :

- l'utilisation de la première personne;
- l'utilisation du **on**;
- l'antéposition du complément d'objet;
- la substantivation.

b) Premier procédé : l'utilisation de la première personne

Cette formule est à la fois très idiomatique est très courante dans les documents non traduits. C'est aussi sans doute une des plus typiques du français. Par exemple, le slogan de la campagne antitabac du gouvernement du Québec est :

J'arrête, j'y gagne[133]!

Du côté fédéral, on a prévisiblement opté pour l'impératif : *Go smokefree[134]!* (La traduction française du slogan fédéral conserve l'impératif : « Vivez sans fumée! »)

L'Association régionale du sport étudiant de Québec et de Chaudière-Appalaches mène une campagne permanente pour inciter les jeunes à manger des fruits et des légumes. Le nom de la campagne?

Chaque jour, moi j'croque[135]!

À titre de comparaison, le slogan de la campagne mise sur pied par la Ville de Toronto dans le même but recourt (encore et toujours) à l'impératif : *Invite Us Along!* (ce sont des fruits et des légumes qui parlent). Il existe aussi en Ontario un programme qui vise à valoriser les restaurants offrant des mets nutritifs. Le slogan : *Eat Smart!* Cette fois-ci, le traducteur a évité avec brio le piège du verbe :

À votre santé[136]!

La première personne peut aussi prendre la forme de l'adjectif possessif. Ainsi, en septembre 2004 avait lieu à Québec un événement visant à inciter les gens à délaisser leur voiture pour un jour : **la journée En ville, sans ma voiture**. Cependant, le **je** n'est jamais bien loin, car le slogan de la journée était :

Je me déplace autrement!

Ces exemples sont légion, et le traducteur sera sans doute heureux de s'en inspirer lorsqu'il doit traduire les sempiternels impératifs des slogans anglais. Ainsi, Postes Canada vend toutes sortes d'enveloppes et de boîtes d'expédition sur lesquelles on lit des slogans comme *Box It!*, qui a été traduit par « Emboîtez-les! » De ce qui précède, on peut déduire que la traduction la plus idiomatique ressemblerait sans doute plutôt à quelque chose comme :

Moi, j'emboîte!

133 http://www.jarrete.qc.ca/.
134 http://www.hc-sc.gc.ca/hecs-sesc/tobacco/index.html.
135 http://www.arseq.qc.ca/alimentation/5fl.htm.
136 http://eatsmart.web.ca/.

Pour l'élection partielle de septembre 2004, le Directeur général des élections du Québec a distribué un dépliant intitulé :

Je pense. Je vote.

Cette fois, c'est la traduction anglaise qui, forcément, paraît moins idiomatique (*I Think. I Vote.*)

Notons enfin que la première personne peut également être au pluriel (**Achetons canadien!**). Nous y reviendrons dans la section *f*) du présent article, au sujet de l'impératif.

c) DEUXIÈME PROCÉDÉ : L'UTILISATION DU **ON**

Il y a peu à dire de ce procédé, sinon qu'il est évidemment lui aussi très idiomatique parce qu'il n'existe aucun équivalent direct en anglais. Pour le reste, disons qu'on peut l'utiliser dans des contextes très semblables à ceux de la section précédente. En effet, on peut considérer qu'il consiste également à rendre sous une forme conjuguée à l'indicatif un verbe qui serait trop directif à l'impératif et trop vague à l'infinitif. Voici quelques exemples :

On s'attache au Québec[137]**.**
On ne badine pas avec la drogue[138]**.**
Ensemble, on s'occupe de nos ruelles[139]**.**
On entraîne des résultats[140]**.**

d) TROISIÈME PROCÉDÉ : L'ANTÉPOSITION DU COMPLÉMENT

Cette formule peut prendre plusieurs formes. Nous décrirons ici les quatre principales :

– L'antéposition du complément avec **ça**;
– L'antéposition du complément avec **c'est**;
– **un** + substantif + **à** + infinitif;
– L'antéposition du complément avec **je**.

[137] Slogan de la campagne d'information du gouvernement du Québec accompagnant l'entrée en vigueur de la loi rendant obligatoire la ceinture de sécurité dans les années 70.
[138] Campagne antidrogue de l'armée suisse, http://www.heer.vbs.admin.ch/internet/heer/fr/home/muv/aktion_24.html.
[139] Campagne d'un groupe communautaire de Montréal, Tandem Rosemont–La Petite-Patrie.
[140] Publicité du club d'entraînement physique Nautilus Plus.

i) L'antéposition du complément avec **ça**

Voici deux exemples de ce cas de figure, qui parlent d'eux-mêmes :

> **La route, ça se partage!**
> **Une forêt, ça s'entretient[141]!**

Il est difficile de trouver des équivalents directs de cette formule en anglais, ce qui en démontre bien le caractère idiomatique.

Si on y regarde de près, on remarquera que, exceptionnellement, le groupe nominal qui précède **ça** peut être sujet et non complément :

> **L'alcool au volant, ça s'arrête ici[142]!**

Il n'en s'agit pas moins manifestement du même procédé, et il n'y a évidemment pas lieu de lui faire une place à part dans notre typologie, surtout compte tenu de notre orientation pratique.

ii) L'antéposition du complément avec **c'est**

La parenté entre ce cas et le précédent saute aux yeux :

> **Participer, c'est facile!**

Contrairement au cas précédent, cette formule se traduit en anglais presque littéralement, par exemple ici par *It's easy to enter!* Le traducteur qui doit traduire cette dernière phrase en français ne songerait cependant peut-être pas d'emblée à faire l'inversion et à utiliser le déictique **c'est**.

iii) **Un** + substantif + **à** + infinitif

Nous nous attarderons davantage sur la troisième forme, qui est également une des plus typiques et idiomatiques en français.

On se souvient du fameux titre lancé par le cabinet Ekos en 1994 pour amorcer un processus de réflexion sur le rôle de l'État : *Rethinking Government.* Il existe dans *Termium* trois traductions pour cette expression, et les trois commencent par un infinitif : « Repenser le rôle de l'État », « Repenser le gouvernement », « Repenser les services du gouvernement ». On trouve par ailleurs dans *Termium* les fiches similaires suivantes :

---

[141] Panneaux disposés au bord de certaines autoroutes par le gouvernement du Québec.

[142] Panneaux disposés au bord de certaines routes par le gouvernement du Québec.

Rethinking our role	« Repenser notre rôle »
Rethinking Policy program	« programme Repenser les politiques »
Rethinking the Status of the Artist	« Repenser le statut de l'artiste »
Rethinking Training	« Repenser la formation »

On ne saurait considérer ces traductions comme fautives, mais le traducteur à l'affût des formules idiomatiques regardera comme l'œuf de Christophe Colomb la page couverture du mémoire de l'Ordre des agronomes du Québec présenté dans le cadre des consultations du Bureau d'audiences publiques sur l'environnement portant sur le développement durable de la production porcine au Québec en avril 2003 :

Au-delà de la production porcine, une agriculture à repenser[143]!

Nul besoin de préciser qu'il suffit de taper l'expression **à repenser** dans Google pour constater la fertilité de cette formule.

Évidemment, la formule fonctionne avec à peu près n'importe quel autre verbe. Ainsi, pour traduire *Collect all 5!* sur une boîte de céréales, au lieu du brutal impératif, on pourrait choisir :

Cinq [figurines, etc.] à collectionner!

L'auteur de ces lignes avait un jour à traduire le nom d'un programme intitulé *Telling Our Stories*. Le premier jet fut bien évidemment le fruit du réflexe universel : « Raconter nos histoires ». Au moment de la relecture, la solution idiomatique s'est imposée :

Des histoires à raconter.

Dans l'introduction de la présente section, on a vu comme exemple de titre comportant un verbe au participe présent : *Keeping Our Children Safe*. Il suffit de taper cette expression dans Google pour se rendre compte qu'elle a été utilisée par de très nombreux auteurs et organismes. C'était entre autres le thème du congrès de l'Association des infirmières et infirmiers autochtones du Canada en 1997. En parallèle, on pourra remarquer que le thème du 6e Symposium national du Centre d'excellence pour la protection et le bien-être des enfants, à Montréal, en 2005, était :

Des enfants à protéger, des adultes à aider : deux univers à rapprocher.

143 http://www.oaq.qc.ca/memoires.asp.

iv) L'antéposition du complément avec **je**

On aura compris qu'il s'agit ici d'une formule hybride selon notre typologie, parfaitement illustrée par ce slogan des producteurs de porc de l'Union des producteurs agricoles du Québec :

Le porc, j'adore[144]!

e) QUATRIÈME PROCÉDÉ : LA SUBSTANTIVATION

La substantivation se distingue des procédés précédents sur deux points. Premièrement, c'est un procédé plus général qui ne s'applique pas seulement à la traduction de titres et de slogans. Deuxièmement, elle n'est pas aussi *idiomatique* qu'eux du fait qu'il n'est pas étranger à l'anglais d'utiliser un nom dans un titre ou un slogan. Il n'empêche que, on le sait, le nom est beaucoup plus fréquemment utilisé en français qu'en anglais, et que, par conséquent, on arrive souvent à des résultats plus idiomatiques en utilisant ce procédé.

i) La substantivation simple

Par exemple, alors qu'il est fréquent de voir le slogan *Scratch and Save!* traduit par « Grattez et économisez! », les magasins Rona ont tenu en octobre 2004 une promotion de ce genre qu'ils ont appelée tout simplement :

L'événement gratteux.

C'est en voyant la traduction anglaise, *Scratch & Save Event*, qu'on se rend compte que les publicitaires de l'entreprise, en travaillant en français, sont arrivés tout naturellement à une formule nominale et non verbale. Cet événement se passait dans le cadre de ce qu'on appelait en français :

Les super rendez-vous RONA.

Cette autre forme nominale avait été traduite en anglais par une forme verbale de manière assez frappante :

Run to RONA.

Voici quatre autres exemples de substantivation. Il s'agit respectivement d'un sous-titre de document, d'un titre d'article et de deux slogans :

Communicating the Departmental Policy
Communication de la politique du Ministère

[144] www.leporcduquebec.qc.ca.

Standing Up for Religious Freedom
À la défense de la liberté de religion

Eat Smart!
À votre santé!

Be careful!
Prudence[145]**!**

Enfin, citons un exemple de traduction du français vers l'anglais qui illustre à merveille la validité du principe de substantivation. Le public anglophone a pu voir en 2003 un film québécois très apprécié intitulé *Seducing Doctor Lewis*. Le titre original français, bien connu chez les francophones, était tout simplement... *La grande séduction.*

ii) L'emploi des prépositions **pour** et **vers**

Cette forme n'est pas non plus propre au français. En effet, on voit parfois des titres anglais commencer par *for* ou par *towards*. Il n'empêche que les prépositions **pour** et **vers** demeurent utiles et idiomatiques pour le traducteur qui veut éviter d'abuser du verbe dans les titres. Exemples :

Strengthening the Effectiveness of Multilaterally Delivered Aid
Pour une efficacité accrue de l'aide multilatérale

Promoting Clean Air
Pour un air pur

Cancelling the Debt for Poor Countries
Vers une annulation de la dette des pays pauvres

Building Linkages Between Business and Schools
Vers un rapprochement de l'école et des entreprises

iii) L'ellipse de **pour**

De ce dernier procédé, on peut passer à une étape ultérieure qui consiste à faire l'ellipse de la proposition **pour**. En un sens, on pourrait considérer que cela nous ramène à la substantivation simple. Il s'agit toutefois d'un cas particulier où il est évident qu'un **pour** est sous-entendu.

[145] Au bord des routes du Québec, la signalisation affiche : « Prudence! Les animaux ne sont pas toujours sur les panneaux! »

Voyons par exemple l'intitulé français indiquant sur la bouteille à quoi sert le shampooing Vive de L'Oréal :

<u>Des cheveux</u> frais et brillants toute la journée

On voit qu'ici le sens est exactement le même que si on avait dit **Pour des cheveux frais...** Notons par ailleurs que le traducteur a senti ici que l'anglais ne pouvait s'accommoder de cette tournure nominale elliptique et devait étoffer par un verbe :

<u>Leaves Hair</u> Fresh & Shiny All Day

f) PROBLÈME DE L'IMPÉRATIF

i) Une particularité du verbe anglais

Il importe ici de formuler une observation générale au sujet d'une particularité du verbe anglais, à savoir que les formes impérative, infinitive et même souvent indicative d'un même verbe sont souvent indistinctes. Elles constituent en quelque sorte une forme générique, dont il n'existe pas d'équivalent fonctionnel en français en raison du caractère presque infini des formes que peuvent prendre les verbes conjugués dans notre langue.

C'est ainsi que l'impératif, en français, a une force d'impact plus grande parce que plus spécifique, et c'est une des raisons pour lesquelles cette forme paraît parfois incongrue pour traduire un slogan. Il existe une autre cause, qui est en fait l'envers de la première, à savoir que le français dispose de beaucoup d'autres moyens pour rendre les idées exprimées par cette forme « impérative-générique » de l'anglais, ce qui a pour effet de confiner la forme impérative à un domaine relativement restreint en français.

Voyons maintenant comment se traduisent concrètement ces considérations.

ii) Préoccupations sémantiques

Dans la section *b*) portant sur l'emploi de la première personne comme procédé de traduction des titres et des slogans, ci-dessus, nous avons dit que cette première personne pouvait aussi être au pluriel. En effet, en français, si on recourt à l'impératif, on constate que la première personne est tout aussi engageante mais beaucoup moins agressive que la deuxième personne.

Pensons à un slogan comme **Achetons canadien!**, qui sera rendu naturellement en anglais par un impératif à la deuxième personne : *Buy Canadian!* L'utilisation de la deuxième personne en français (« Achetez canadien! ») serait trop brutale inutilement, alors qu'en anglais, en raison du caractère « générique » de cette forme du verbe dont nous avons parlé plus haut, la formulation semble tout à fait naturelle.

Dans les sentiers du Parc linéaire des rivières Saint-Charles et du Berger, à Québec, on trouve par endroits de petits écriteaux illustrés où l'on peut lire des phrases comme :

> **Je respecte mon environnement. Je reste dans les sentiers.**

Il ne fait aucun doute que ces panneaux énoncent des ordres, ou disons des consignes. On voit ici que la première personne remplit parfaitement ce mandat tout en conservant une élégance et un respect du promeneur qu'aucune forme impérative – ni même infinitive (p. ex. : « Prière de ne pas sortir des sentiers ») – ne saurait égaler.

Ayant à traduire *Talk to Nestlé* sur l'emballage d'un produit où on présentait un numéro de téléphone à l'intention des consommateurs, le traducteur a bien senti que l'impératif, ici, ne pouvait convenir. Il a donc procédé à une élégante modulation dont on ne peut que le féliciter :

> **Nestlé vous écoute.**

iii) Préoccupations stylistiques

Le traducteur d'un présentoir de la crème hydratante Jergens a bien vu lui aussi que l'impératif était à éviter en français pour traduire le titre-slogan suivant :

> *Enhance the natural radiance of your skin.*
> **Rehausse l'éclat naturel de votre peau** (plutôt que « Rehaussez l'éclat naturel de votre peau »).

Ici, cependant, les choix respectifs du rédacteur et du traducteur sont plus d'ordre stylistique que sémantique et tiennent aux contraintes morphologiques de chaque langue.

En effet, on peut supposer que c'est pour une simple raison d'élégance que l'anglais n'a pas utilisé l'indicatif *enhances* dans le titre. La forme « générique » *enhance* est plus courte et moins encombrante grâce à l'économie, non pas seulement d'une lettre, mais carrément d'une syllabe. En fait, sur le tube même, en petits caractères, on lit bel et bien *Enhances the natural radiance of your skin.* Puisqu'il ne s'agit plus d'un titre, le rédacteur anglais se permet maintenant l'indicatif. En français, l'inverse se produit : c'est l'utilisation de l'impératif (« Rehaussez ») qui nécessite l'ajout d'une lettre – et d'une syllabe – et qui donne un résultat beaucoup moins reluisant.

On peut supposer que c'est pour des raisons du même ordre que la première personne de l'impératif convient mieux aux slogans en français qu'en anglais : elle est plus courte, et si l'équivalent *Let's...* est également utilisable et utilisé, on comprendra qu'il soit tout de même moins fréquent en anglais. En effet, il faudra de bonnes raisons au publicitaire anglophone pour renoncer à *Buy Canadian!* au profit de *Let's Buy Canadian!*

Ces exemples montrent à quel point les contraintes morphologiques d'une langue peuvent conditionner le choix des slogans (et parfois même, est-on en droit de le croire, le choix des messages).

g) Les jeux de mots

On sait que les francophones sont friands des jeux de mots et de lettres. Pour cette raison, il ne serait sans doute pas difficile de démontrer que les jeux de mots sont plus fréquents en français qu'en anglais dans les titres, et surtout les slogans. Ces deux considérations devraient suffire à justifier dans certains cas la création d'un jeu de mots dans la traduction d'un titre ou d'un slogan même si cette dimension est absente de la version anglaise.

Cependant, malgré l'importance et le grand intérêt de cet aspect, nous ne nous y attarderons pas, et ce pour deux raisons. Premièrement, notre but ici était principalement d'expliquer comment le traducteur peut créer des slogans et des titres idiomatiques à partir d'un slogan ou d'un titre anglais reposant sur un verbe. Le jeu de mots n'est évidemment pas à rejeter comme procédé à ce titre, mais il n'y a pas de lien direct entre ce procédé et la présence d'un verbe dans le texte anglais. Ce constat nous amène d'ailleurs au suivant, à savoir qu'il est à peu près impossible (ou qu'il serait oiseux) de décrire des procédés de création de jeux de mots. Le créateur d'un jeu de mots doit avoir de l'esprit et être inspiré, et ces aspects de la création demeurent toujours un peu mystérieux.

Nous profiterons tout de même de l'occasion pour citer un cas où l'auteur d'un slogan a combiné le jeu de mots et l'un des procédés que nous avons présentés comme courants et propres au français, à savoir l'utilisation de la première personne. Il s'agit d'une affiche vue dans une école de conduite et incitant les automobilistes à bien régler la hauteur de leur appuie-tête :

> **Pour éviter les mauvais cous, moi, je m'ajuste!**

h) Conclusion

L'objet du présent article était de mettre en valeur les nombreuses façons idiomatiques par lesquelles le traducteur peut éviter et rendre autrement l'impératif de l'anglais dans un titre et un slogan. Il ne faut évidemment pas en conclure que l'utilisation de l'impératif en français soit à éviter à tout prix ou qu'elle doive être systématiquement considérée comme une influence fautive de l'anglais. Ainsi, le slogan de prévention de Loto-Québec, **Mise sur toi**, a tout autant droit de cité que l'équivalent à la première personne qu'on aurait pu imaginer, par exemple **Je mise sur moi**.

En fait, les publicitaires tiendront parfois à conserver l'impératif à cause de sa valeur d'interpellation. Cet argument est valable, mais les mêmes publicitaires seront forcés de reconnaître que l'utilisation du **je** revêt aussi une force considérable dans la société occidentale contemporaine. En témoignent sa grande fréquence dans le paysage publicitaire du Québec, que nous avons illustrée plus haut, et en particulier les deux slogans populaires suivants, retenus par des entreprises de restauration rapide :

> **J'M**[146]
> **Je… je… JE… préfère Burger King!**

➢ *SNAPSHOT*

Le mot *snapshot* au sens figuré paraît tellement imagé que certains traducteurs perdent leurs moyens en le voyant et en tentant d'en restituer toute l'expressivité. Ils aboutissent à des traductions comme « cliché » ou « instantané », qui conviennent peut-être hors contexte, mais sonnent malheureusement faux dans un texte administratif ou général. Nous sommes sans doute encore une fois ici devant un des nombreux cas où l'on constate que le génie de la langue française préfère l'abstraction à l'image concrète.

Il demeure possible d'utiliser des termes imagés pour traduire *snapshot,* mais comme le montrent les exemples ci-dessous, il faut des contextes bien particuliers. Le terme le plus expressif qui convienne est sans doute **arrêt sur image**.

> **Trois cent soixante-cinq jours d'ébullition, résume-t-on dans le tout frais sorti des presses *Annuaire du Québec 2005*, cet *État du monde* de chez nous, qui fait cette année encore un arrêt sur image de l'actualité, pour tenter de comprendre un Québec ondoyant**[147]**.**

Dans un article publié dans *Le Devoir* en janvier 2005, de Villers utilise les expressions suivantes :

---

146 Slogan de McDonald au Québec.

147 Guillaume BOURGAULT-CÔTÉ, « Le Québec en arrêt sur image », *Le Devoir*, 30 novembre 2004, p. A1.

> **Parallèlement à l'exercice de mémoire, de jugement et de synthèse qu'effectuent les auteurs de dictionnaires pour décrire la langue, l'étude de corpus lexicaux tel celui de l'ensemble des articles du *Devoir* publiés en 1997 ajoute une séance photographique, voire un examen radiographique d'une utilisation publique et actuelle de la langue française au Québec[148].**

Les contextes où l'expression **séance photographique** conviendrait dans une traduction sont sans doute rares; quant à l'expression **examen radiographique**, on peut la considérer, par rapport à *snapshot*, comme une modulation intéressante, mais on peut aussi se demander si l'équivalence est exacte, l'examen radiographique évoquant peut-être plus le caractère approfondi de l'étude que son caractère photographique ou instantané. Si le contexte s'y prête, cependant, on l'utilisera sans hésiter.

Quant au terme **photo**, il est plus modeste que les termes précédents, mais on peut au moins réussir à le passer dans certaines circonstances.

> **C'est une photo du Québec, où on essaie de voir comment ce qui s'est passé de significatif dans les 12 derniers mois [...] pourra influencer l'avenir[149].**

Dans les textes administratifs, toutefois, le mot **portrait** est probablement celui qu'on peut utiliser avec le plus de facilité. Il est encore pris au sens figuré, donc constitue une image, mais se trouve indéniablement un cran plus loin que les deux premiers sur l'échelle de l'abstraction.

Les traductions suivantes, classées de la plus visuelle à la plus abstraite, montrent que le traducteur qui renonce à une expression trop figurée se rapproche souvent de la formulation qui semble la plus naturelle et la plus idiomatique. À la fin, on se rendra compte que le mot *snapshot* est pratiquement rendu implicite.

> *Election campaign : a snapshot*
> **Campagne électorale : arrêt sur image**

> *We will first create a "snapshot" of your financial situation.*
> **Pour commencer, nous prendrons une « photo » de votre situation financière.**

[148] Marie-Éva DE VILLERS, « Comparaison avec *Le Monde* pour établir la norme réelle du français québécois – Les mots et expressions propres au *Devoir* », *Le Devoir*, 5 janvier 2005, p. A7.

[149] Déclaration de Michel Venne, directeur de l'*Annuaire du Québec 2005*, rapportée dans Guillaume BOURGAULT-CÔTÉ, « Le Québec en arrêt sur image », *Le Devoir*, 30 novembre 2004, p. A1.

During the summer of 2004 ABC undertook to develop a snapshot of this industry.
Durant l'été 2004, ABC s'est employée à tracer le portrait de ce secteur de l'économie.

Strategic communications plans provide a snapshot in time of future events and are therefore subject to modification as circumstances dictate.
Les plans stratégiques de communication présentent une image des événements futurs et sont donc susceptibles de modification en fonction des circonstances.

Weiser's analysis was a snapshot assessment only and was not intended to portray the whole picture.
L'analyse de M. Weiser était de nature ponctuelle seulement et ne visait pas à décrire l'ensemble de la situation.

In her speech, Kim Girtel gave a snapshot of some of the difficulties that currently exist within the United Nations system.
Dans son allocution, Kim Girtel a donné un aperçu des difficultés qui affligent actuellement les Nations Unies.

First, it gives us a snapshot of where we are, a measure of the representativeness of our workforce.
Premièrement, cet exercice nous donnera une idée de la représentativité effective de notre personnel.

At the end of the cycle, a "report card" will be provided to each manager. The "report card" will provide a snapshot of the performance of each manager in relation to the performance indicators highlighted in bold text in the framework.
À la fin du cycle, chaque gestionnaire reçoit un bilan faisant état de son rendement par rapport aux indicateurs figurant en caractères gras dans le cadre de référence.

This study would be essentially a snapshot of how jurisdictions have been dealing with terrorism since September 11.
Cette étude montrera surtout comment chacun a réagi au terrorisme depuis le 11 septembre.

Pour compléter ce panorama, citons trois cas où le mot *snapshot* figure en titre de rubrique :

In a snapshot
En deux mots

In a snapshot
En bref

International Snapshot on Legal Aid
Coup d'œil sur l'aide juridique dans le monde

Enfin, histoire de rappeler au traducteur l'importance de consulter des textes rédigés dans sa langue d'arrivée pour trouver des expressions idiomatiques, citons cette phrase tirée du rapport d'un cabinet de recherche québécois et traduite du français à l'anglais :

As in any research done with the public, opinions collected during the focus group sessions are "snapshot in time" impressions, which may have been swayed in either a positive or negative way by various factors.
Comme dans toute recherche effectuée auprès de la population, les opinions colligées auprès des groupes de discussion sont des « impressions prises sur le vif » qui peuvent avoir été influencées positivement ou négativement par divers facteurs.

➢ *SUCCESSFULLY*

Successfully constitue un excellent exemple de cas où le traducteur peut profiter de la prédilection du français pour la logique et la concision afin de réaliser des économies. Malheureusement, beaucoup ratent l'occasion.

En effet, le client d'une banque qui vient de terminer une opération par Internet et qui reçoit le message **virement effectué** sera-t-il plus inquiet que celui-ci qui reçoit le message « virement effectué avec succès »? Sans doute, non. Si on y tient, on pourra lui dire **virement réussi**. Il n'empêche que l'expression « avec succès », dans ce genre de contexte, est non seulement maladroite, mais tout à fait inutile.

➢ *SUMMARY*

Nombre de traducteurs, par peur du calque, traduisent systématiquement *summary* par **résumé** au lieu d'utiliser le mot **sommaire**. Il s'agit d'un travers inutile. En fait, les deux mots français existent, mais se traduisent par le même mot anglais. Reste donc à faire la distinction entre les deux.

a) Sommaire et résumé

Le Petit Robert donne des pistes, mais assez minces.

> **Sommaire** : Bref exposé, résumé. [...] Spécialt. Le sommaire d'un livre : bref résumé des chapitres, en table des matières. Sommaire d'une revue : liste des articles et de leurs auteurs précédant généralement le texte.
>
> **Résumé** : Abrégé, condensé. [...] **Faire, rédiger un résumé. Résumé des épisodes précédents. – Résumés d'histoire pour le baccalauréat.**

Le Bénac nous en dit plus long :

> Le résumé condense encore davantage [que le précis], surtout une matière déjà connue, afin d'aider aux récapitulations : **résumé aide-mémoire**. [...] Le sommaire, en tête d'un livre, annonce ce que celui-ci va développer : **Voici le sommaire de ce que je prétends traiter en cette œuvre** [Chateaubriand].

De l'ensemble de ces éléments, on pourrait dégager les particularités suivantes : le résumé, très court, relève surtout de la récapitulation (le Multi parle du résumé d'un livre comme d'un « compte rendu bref[150] ») et se situe donc en quelque sorte dans un rapport de postériorité par rapport à son objet. Il est aussi plus susceptible d'être narratif. Le sommaire, lui, se situe dans un rapport d'antériorité (il précède, annonce l'ouvrage principal) et peut prendre une forme schématique (comme une table des matières). Notons d'ailleurs à ce titre que **sous forme sommaire** ou **sous forme de sommaire** pourrait bien traduire *in point form* dans certains cas.

Voici un exemple qui nous permet de mettre en relief la différence entre les deux termes :

> *The lawyer will prepare a <u>summary</u> of the case that outlines the nature of the legal issues and procedural history, followed by a <u>summary</u> of the facts and lower court judgments.*
> **L'avocat prépare un <u>résumé</u> de chaque dossier mettant en lumière la nature des questions juridiques en jeu et l'historique de la procédure. Suit un <u>sommaire</u> des faits et des jugements rendus par les juridictions inférieures.**

[150] Multi, sous **résumé**.

Ajoutons que **sommaire** est aussi (et d'abord) un adjectif, ce qui rend possible les traductions suivantes :

summary report	**compte rendu sommaire**
summary statement	**état sommaire, état récapitulatif**
summary description	**description sommaire**

b) *EXECUTIVE SUMMARY*

Qu'en est-il, donc, du fameux *executive summary*? Les meilleures sources proposent de traduire ce terme par **résumé**, ce qui demeure valable, car il s'agit d'un texte narratif qui résume, ou récapitule, l'essentiel du document qu'il présente. En revanche, notamment parce qu'il est situé en tête de document, on ne saurait prétendre que le mot **sommaire** serait fautif pour le désigner (songeons à la phrase de Chateaubriand citée par Bénac ci-dessus).

Le plus intéressant, toutefois, survient lorsque l'on fait un survol des rapports et mémoires rédigés en français (au Québec ou en France), et non traduits, pour savoir comment cette section est appelée dans ces documents. On remarque alors au moins trois choses.

Premièrement, dans les documents de France, le mot **sommaire** est presque systématiquement utilisé pour désigner ce qui s'appelle presque invariablement **table des matières** au Québec.

Deuxièmement, le mot **résumé** est généralement réservé à ce qu'on nomme en anglais *abstract*, c'est-à-dire à un condensé comprenant rarement plus d'un paragraphe que l'on trouve surtout dans les rapports ou articles scientifiques et non dans les mémoires ou les rapports de recherche.

Troisièmement, la section correspondant à l'*executive summary* semble beaucoup moins fréquente en soi dans les documents qui n'ont pas été rédigés dans le monde anglo-saxon. Cependant, lorsqu'elle s'y trouve, elle n'est à peu près jamais baptisée **sommaire** ni **résumé**. Au lieu de ces termes, on trouve des appellations comme **synthèse**, **synthèse générale**, **note de synthèse, faits saillants**, voire **en bref**. Au traducteur de prendre acte...

D'ailleurs, pourquoi ne pas s'inspirer de cette piste pour traduire, par exemple, *summary chart* par **tableau-synthèse**?

➢ *THIS*

a) LE PRÉSENT DOCUMENT OU CE DOCUMENT?

On a souvent fait remarquer, à juste titre, que *this document* doit normalement être traduit par **le présent document**. Cet usage est certes à encourager, pour son élégance et son caractère idiomatique. En revanche, il serait exagéré de prétendre que des expressions comme **ce document**, **cet ouvrage**, **ce rapport** sont erronées lorsqu'elles désignent le document même dans lequel elles figurent. En effet, cet emploi du démonstratif est bien établi des deux côtés de l'Atlantique. *Le Petit Robert* ne parle-t-il pas de « l'auteur de ces lignes[151] »?

b) « LE PRÉSENT PROJET »?

Or, comme il arrive souvent, la mise en garde concernant *This document* a donné lieu à un nouveau travers chez certains traducteurs, qui traduiront des expressions comme *this Court* ou *this project* par « la présente cour » ou « le présent projet ». Ces expressions, cette fois, sont bel et bien erronées, car le mot **présent** antéposé doit renvoyer à un texte, à savoir le texte dans lequel il figure. La liste des exemples donnés par le TLF est éloquente :

> Le présent accord, le présent acte, le présent alinéa, le présent arrêté, le présent article, le présent décret, le présent jugement, le présent paragraphe, le présent rapport, le présent règlement, le présent statut, le présent testament, le présent traité; la présente circulaire, la présente déclaration; les présentes instructions[152].

Rien dans cette énumération ne ressemble à la « présente cour » ni au « présent projet ».

Dans des expressions comme *this Court* ou *this House*, le traducteur fait bien d'éviter l'adjectif démonstratif en français, mais c'est simplement par l'article qu'il faut le remplacer : **la Cour**, **la Chambre**. Ce cas s'apparente à ceux dont fait état Darbelnet dans cet article cité par Delisle dans *La traduction raisonnée* :

> *No bicycling in* this *park* se traduira par **Défense de circuler à bicyclette dans *le* parc**. De même on dira **Défense de fumer dans *la* salle**. « Cette salle » paraîtrait ici incongru, l'article suffisant à l'identifier comme étant la salle où l'on lit cet avis. [...] C'est un cas semblable que celui du directeur de banque qui, parlant de son

[151] *Petit Robert*, sous **auteur**.

[152] TLF, sous **présent**.

établissement, dit This *Bank will do its part.* Il dira ***la*** **Banque** ou encore ***notre*** **Banque**[153]*.

Par ailleurs, lorsque l'auteur d'un rapport dit *this project*, il ne parle pas du document qu'il est en train de rédiger : il parle du projet dont traite ce document. Le traducteur ne pourra donc pas écrire **le présent projet**. En revanche, la plupart du temps, il ne pourra pas non plus écrire **ce projet**, car la référence, généralement, serait trop vague. Il devra donc se rabattre sur une solution un peu plus longue comme **le projet dont il est question ici**.

Voici trois autres exemples :

> *The overall objective of this research was to assess the effectiveness of [...].*
> **L'objectif général de la recherche décrite ici était d'évaluer l'efficacité de [...].**
>
> *This research was born out of the Department of Justice's role in protecting Canadians' privacy and human rights [...].*
> **L'étude rapportée ici a été mise en œuvre par le ministère de la Justice en vertu de son rôle de protection des droits de la personne et des renseignements personnels [...].**
>
> *This audit does not replace the evaluation that the Branch is expected to perform.*
> **La vérification dont rend compte le présent rapport ne remplace pas l'évaluation qui doit être faite par la Direction.**

Le traducteur qui a utilisé cette formule pourra généralement, dès l'occurrence suivante, se contenter de l'article défini :

> *One of the objectives of this research was to ascertain time intervals between tracing stages.*
> **Un des objectifs de l'étude consistait à évaluer le délai associé à chacune des étapes de la recherche.**

(À noter que **la présente étude** serait acceptable si le mot **étude** désignait le document même. Dans le contexte qui précède, il est évident qu'**étude** désigne plutôt les activités de recherche ayant précédé la rédaction du rapport.)

---

153 Jean DARBELNET, « L'apport de la stylistique comparée à l'enseignement de la traduction », *Babel*, vol. 24, nos 3-4, p. 135-138, cité dans Jean DELISLE, *La traduction raisonnée*, p. 337.

Il y a même des cas, assimilables à ceux dont fait état Darbelnet dans l'extrait reproduit plus haut, où l'article défini fera l'affaire sans autre forme de préparation. Par exemple, dans une rubrique de formulaire :

> *Background Information Related to this Project.*
> **Renseignements de base concernant le projet.**

c) CAS COROLLAIRE : L'ADJECTIF POSSESSIF

Nous avons vu plus haut qu'il était souvent souhaitable de traduire le déictique (démonstratif) *this* par un simple article défini (**le**, **la**, etc.). Le même procédé est recommandable dans bien des cas où l'anglais utilise un adjectif possessif comme *our*.

> *Our following recommendation addresses the Centre's accommodation needs.*
> **La recommandation suivante porte sur les besoins du Centre en matière de locaux.**

Ce passage du possessif à l'article se justifie de deux façons : premièrement, il s'agit tout simplement du passage du *plan du réel* au *plan de l'entendement* dont nous avons parlé plus haut; deuxièmement, il permet d'éviter la succession de deux déterminants (dans le cas présent, **notre** + **suivante**), qui donne souvent une impression de redondance en français.

Voici un autre exemple légèrement différent :

> *Torture finds no condonation in our* Criminal Code.
> **Le *Code criminel* ne tolère pas le recours à la torture.**

Ici, c'est la coexistence de l'adjectif possessif et d'un nom propre qui donne l'impression que le premier est superflu. Si le contexte l'exigeait, on pourrait aussi dire **Le *Code criminel* du Canada** ou **Au Canada, le *Code criminel*...**

La vidéo de promotion présentée dans les autocars d'Orléans Express illustre bien ce phénomène. Dans cette vidéo, on entend une phrase qui commence en français par « Les techniciens d'Orléans Express... », alors que la traduction anglaise dit *Our Orléans Express technicians*... On voit ici non seulement que cette double détermination ne serait pas naturelle en français, mais qu'elle a été sentie comme *nécessaire* par le traducteur anglophone.

➤ Voir aussi PERSONNE (BASCULEMENT DE LA TROISIÈME À LA PREMIÈRE PERSONNE).

➢ *TIMELY, TIMELINESS*

a) UN MOT DONT LE SENS A ÉVOLUÉ

Les dictionnaires anglais donnent toujours un seul sens au mot *timely*, à savoir « *happening at a suitable moment* » (CALD). C'est aussi le premier sens qui vient à l'esprit du traducteur; autrement dit : « ni trop tard, mais ni trop tôt non plus ». La traduction la plus courante est donc **en temps opportun**.

Cependant, on remarquera que, depuis quelques années, les rédacteurs anglophones utilisent couramment ce mot dans le sens de « rapide », tout simplement. Dans ces cas, il n'y a pas lieu de se casser la tête ni d'alourdir la traduction par une périphrase qui exprime plus de nuance que le client n'en demande.

Évidemment, il demeure des contextes où le sens exact n'est pas clair; par prudence, le traducteur pourra s'en tenir à **en temps opportun**. Mais chaque fois que le contexte ou un « soupçon éclairé » lui dira que le terme signifie simplement « rapide », il n'y a pas à hésiter, non seulement pour alléger la phrase, mais aussi au nom de la clarté.

Dans l'exemple suivant, il n'y a pas lieu de prêter à *in a timely manner* un autre sens que celui de « rapidement » :

> *These services enable the courts to hear and resolve the cases before them fairly, <u>in a timely manner</u> and as efficiently as possible.*
> **Ces services permettent aux tribunaux d'entendre et de régler les affaires dont ils sont saisis de façon équitable, <u>rapidement</u> et le plus efficacement possible.**

L'auteur de cette phrase avait-il en tête des cas où les causes risqueraient d'être réglées trop vite? Certainement pas. Voici d'autres exemples tout aussi dénués d'équivoque :

> *This project will build young people's capacity to influence the policymaking process towards realizing <u>more timely</u> and equitable responses to the epidemic.*
> **Ce programme aidera les jeunes à mieux s'outiller pour influer sur l'élaboration de politiques qui permettront de réagir à l'épidémie <u>de manière plus rapide</u> et plus équitable.**

> *We have endeavoured to keep to the time lines, and our response to emergencies has been <u>timely</u>.*
> **Nous nous sommes employés à respecter les échéances, et nous avons réagi <u>rapidement</u> aux urgences.**

The Government of Canada is committed to improving the quality, effectiveness and timeliness of its services in both official languages.
Le gouvernement du Canada est déterminé à améliorer la qualité, l'efficacité et la rapidité de ses services dans les deux langues officielles.

The survey also shows that OGD clients think the Centre is timelier than do the Department X clients.
Le sondage révèle aussi que les clients des autres ministères sont plus nombreux que ceux du ministère X à estimer que le Centre offre un service rapide.

b) LE SENS TRADITIONNEL ET SES MULTIPLES TRADUCTIONS

Pour nous aider à faire la distinction, voici d'autres contextes où les mots *timely* et *timeliness* gardent leur sens traditionnel. On notera au passage que l'expression **en temps opportun** est loin d'être la seule possible.

Firstly, financial reports must be produced and distributed in a timely way.
Tout d'abord, les états financiers doivent être produits et distribués à temps.

This assignment is indeed quite timely and will definitely assist greatly in the development of new business ideas.
Il est indéniable que cette expérience tombe à pic et nous aidera beaucoup à élaborer de nouvelles idées dans le monde des affaires.

The background paper was welcomed as a timely and useful overview.
Le document de réflexion a été accueilli comme un tour d'horizon utile qui vient à point.

Clear and timely compliance with reporting requirements as dictated by CIDA.
Respect des exigences de rapports de l'ACDI avec clarté et ponctualité.

Further, timely compliance with these reporting requirements is necessary to continue to receive the quarterly installments for this fiscal year.
Au demeurant, il importe de remettre ces rapports dans le respect des délais impartis pour recevoir les versements trimestriels de l'exercice en cours.

[...] ensure the timeliness of its responses to accountability requirements.
[...] satisfaire à temps les exigences en matière de responsabilisation.

Work with parliamentary committees to explore ways to improve relevance, clarity, and the timeliness of reports to Parliament.
Travailler avec les comités parlementaires pour trouver des moyens d'améliorer la pertinence, la clarté et les délais de présentation des rapports au Parlement.

We encourage public/private initiatives that enhance the ease of access, accuracy, timeliness and coverage of information on countries and financial markets, which strengthen capacities for risk assessment.
Nous encourageons les initiatives publiques et privées visant à faciliter l'accès à des données fiables et détaillées sur les pays et les marchés financiers et leur publication en temps voulu afin de mieux évaluer les risques[154].

c) Opportun est rarement... opportun

Certains traducteurs, souvent en raison de contraintes syntaxiques, font l'économie du mot **temps** dans l'expression **en temps opportun** et ne livrent au lecteur que les mots **opportun** ou **opportunité** quand ils voient *timely* ou *timeliness* en anglais. Très souvent, ces traductions ne sont pas appropriées. En effet, on ne rend pas vraiment le sens du terme en anglais par les traductions suivantes, observées dans certains textes :

timeliness of reports	« opportunité des rapports »
timeliness of services	« opportunité des services »
timely response	« action opportune »
timely information	« renseignements opportuns »
timely advice	« conseils opportuns »

Le Petit Robert donne une seule définition au mot **opportun**, mais c'est une définition en deux volets que nous devons considérer comme tout à fait distincts pour nos besoins ici : « Qui convient dans un cas déterminé, qui vient à propos. » Dans les exemples discutables présentés ci-dessus, le deuxième volet de cette définition ne s'impose pas à l'esprit du lecteur francophone, qui ne verra normalement que le premier : « qui convient dans un cas déterminé », alors que l'idée de temps, de délai est manifestement la plus importante dans l'esprit du rédacteur anglophone. Pour éviter ce problème, le traducteur s'inspirera des suggestions présentées plus haut.

---

154 ONU, consensus de Monterrey, http://www.un.org/esa/ffd/aac257L13F.pdf.

d) DIVERS

Voici enfin des occurrences dont les sens divers se distinguent suffisamment des précédents pour justifier une rubrique à part :

> *We know that the current systems are inadequate and make accurate and timely accounting and reporting a challenge.*
> **Nous savons que nos systèmes actuels sont inadéquats et qu'il est difficile dans ces conditions de tenir des comptes exacts et à jour.**
>
> *We intend to develop ongoing partnerships or timely relationships with southern civil society organizations.*
> **Nous comptons établir des partenariats permanents ou des contacts ponctuels avec des organisations de la société civile du Sud.**
>
> *Members receive timely and relevant publications and analysis on international aid.*
> **Les membres reçoivent des publications et des analyses actuelles et pertinentes sur l'aide internationale.**
>
> *This has simplified data capture and improved the accuracy, quality, and timeliness of data.*
> **Ce changement a simplifié la saisie des données et amélioré l'exactitude, la qualité et l'actualité des informations.**

➢ *UNDERSTAND*

Les dictionnaires bilingues ne donnent qu'une traduction, à peu de choses près, du mot *understand*, et c'est bien évidemment **comprendre**. À cela s'ajoutent des emplois particuliers du verbe, dont Delisle traite savamment dans *La traduction raisonnée*, ce sur quoi il n'y a donc pas lieu de revenir, sinon pour donner un petit exemple afin de situer le lecteur :

> *I do not know but I understand that it is a very competitive market.*
> **Je ne sais pas, mais on me dit que c'est un marché très compétitif**[155]**.**

Le praticien aura cependant remarqué que les mot *understand* et *understanding* se rendent souvent de façon plus naturelle par **connaître** et **connaissance**. En effet, il y a en français dans le mot **comprendre** une sorte de complexité ou de

[155] Jean DELISLE, *La traduction raisonnée*, 2e édition, Ottawa, Presses de l'Université d'Ottawa, 2003, p. 251.

valeur affective qui ne se prêtent pas toujours aux contextes où le mot *understand* est utilisé en anglais.

a) UNE DISTINCTION CLAIRE ENTRE **COMPRENDRE** ET **CONNAÎTRE**

L'exemple suivant (extrait d'un guide sur les descriptions de travail) illustrera bien la différence entre **comprendre** et **connaître** pour traduire *understand* :

> *Provided that employees understand why they need to understand their own biases about their work, and how biases may prevent adequate description of its requirements, this manual will help them to take a fresh look at how they articulate their work.*
> **Dans la mesure où les employés comprennent l'utilité de connaître leurs propres préjugés au sujet de leur travail et la façon dont ces préjugés peuvent empêcher une description adéquate des exigences, le présent guide aidera le lecteur à jeter un regard nouveau sur sa façon de décrire son travail.**

Ici, il y a une certaine complexité dans l'action dénotée par le verbe **comprendre** utilisé en premier dans la traduction française. Pour ce qui est du deuxième *understand*, le salarié peut certes comprendre ses préjugés, au sens de connaître leurs origines, leurs causes, leurs tenants et aboutissants, etc., mais l'essentiel ici est qu'il les *connaisse.* On peut considérer cette modulation comme un cas « léger » de passage du plan du réel au plan de l'entendement[156] : le mot **connaître** est certes plus abstrait parce qu'il semble moins chercher à décrire la complexité de l'action, mais en contexte, il n'en rend pas moins exactement le sens voulu.

Voici un autre exemple mettant en relief une distinction similaire, cette fois avec le substantif *understanding* :

> *An understanding of historical antecedents will establish the context within which the Committee's findings and recommendations can be understood.*
> **La connaissance des événements antérieurs fournit le contexte qui permet de comprendre les conclusions et recommandations du Comité.**

On voit ici que les recommandations du Comité doivent être *comprises*, mais que les événements antérieurs doivent surtout être *connus*.

[156] Jean-Paul VINAY et Jean DARBELNET, *Stylistique comparée du français et de l'anglais*, Montréal, Beauchemin, 1977, par. 41.

b) Problème de la valeur affective potentielle du mot **comprendre**

Dans l'exemple suivant, l'utilisation du mot **comprendre**, parce qu'il est appliqué à une personne morale (et non à un objet), prendrait de façon inattendue une connotation affective qui paraîtrait incongrue :

> *The person will not represent your organization, but should understand it well enough to be able to speak from the realities of members' experiences.*
> **La personne ne représentera pas votre organisme, mais elle devra le connaître assez bien pour pouvoir parler à partir des réalités de l'expérience de vos membres.**

Encore une fois, on comprend que le rédacteur anglophone donnait un sens assez complexe au mot *understand* : il ne s'agit pas uniquement de connaître l'existence de l'organisme, ni même de le connaître en surface; il s'agit de le connaître en profondeur. Mais en raison de sa connotation affective, le mot **comprendre** n'apporterait pas nécessairement cette nuance de façon plus efficace que le mot **connaître**, lequel suffit amplement dans ce contexte, surtout avec l'emploi de la locution adverbiale **assez bien**. À la limite, le traducteur pourrait contourner le problème par des expressions comme **en comprendre assez bien les rouages**, mais il devra alors choisir un complément, et il lui sera difficile d'en trouver un assez complet pour englober à la fois les rouages, le fonctionnement, les valeurs, l'historique, les préoccupations...

Voici deux exemples similaires peut-être encore plus évidents (voir aussi plus loin les autres exemples avec le mot *understanding*) :

> *This National Survey is a two-year research project intended to build understanding of the non-profit sector in Canada.*
> **Cette enquête nationale est un projet de recherche de deux ans ayant pour objet de mieux connaître le secteur des organismes sans but lucratif au Canada.**

> *Only the sturgeon and a few species of poorly understood freshwater sting rays rival the Mekong giant catfish in size.*
> **Seuls l'esturgeon et quelques espèces mal connues de pastenague d'eau douce peuvent rivaliser avec le poisson-chat géant du Mékong par leur taille.**

c) Cas sans équivoque où **comprendre** et **compréhension** ne conviendraient pas

Voici un cas où l'utilisation du mot **comprendre** serait à peu près inimaginable :

> *It is essential for managers to understand the full costs associated with their decisions.*
> **Il est primordial que les gestionnaires connaissent l'ensemble des coûts liés à leurs décisions.**

Est-ce qu'on peut « comprendre » des coûts? On voit encore une fois ici l'intention du rédacteur anglais, qui souhaite véhiculer un sens plus profond que simplement celui de « savoir » : le gestionnaire doit connaître toutes les composantes des coûts en question. Mais le mot **comprendre** ne saurait rendre cette nuance en français, et le mot **connaître** suffit amplement.

Les cas sans équivoque sont encore plus fréquents avec le mot *understanding* :

> *For some this requires improved understanding and skills in peacebuilding.*
> **Pour certains, cela signifie qu'ils doivent parfaire leurs connaissances et leurs compétences en consolidation de la paix.**

> *This audit framework provides an understanding of the level of risk involved with the implementation of this contribution agreement.*
> **Le présent cadre de vérification fait état du niveau de risque lié à l'entente de contribution.**

> *More recent understanding indicates that food insecurity and poverty are usually closely related [...].*
> **D'après les connaissances les plus récentes, l'insécurité alimentaire et la pauvreté sont habituellement étroitement liées [...].**

Le dernier cas montre à quel point le mot *understanding* peut être utilisé dans des contextes où le mot **compréhension** ne conviendrait absolument pas. En fait, en l'occurrence, on aurait probablement pu le traduire par **études**.

d) Conclusion pour les cas plus ou moins équivoques

Fort de ces observations, le traducteur pourra régulièrement se laisser guider par un « soupçon éclairé » et utiliser les mots **connaître** et **connaissance** pour traduire *understand* et *understanding* de façon plus idiomatique, même dans des cas, comme les suivants, où les mots **comprendre** et **compréhension** ne seraient pas nécessairement erronés :

Our aim is to assist Aboriginal people to understand their legal rights and responsibilities.
Notre but est d'aider les Autochtones à connaître leurs droits et leurs obligations.

The persons to whom authorities have been delegated are responsible for ensuring that they understand the extent of their authority and financial accountability.
Il incombe aux fondés de pouvoir de connaître la portée de leurs pouvoirs et de leur responsabilité financière.

For the police, it is important to understand the crime pattern of their own administrative areas in order to develop strategies to prevent crimes.
Un service de police doit bien connaître le profil de criminalité de son secteur d'intervention pour établir des stratégies de prévention.

➢ *UPDATE*

Le mot *update* se traduit correctement par **mise à jour** au sens technique (notamment informatique), mais cette dernière expression française convient rarement dans le sens courant, notamment dans les titres de bulletins et de rubrique.

a) LE MOT *UPDATE* FAIT PARTIE DU TITRE D'UN BULLETIN

Il est rare qu'on voie **mise à jour** dans les titres de bulletin. Les traducteurs connaissent bien les diverses possibilités en français. Rappelons-en quelques-unes.

Language Update	**L'actualité langagière**[157]
EPI Update	**Actualités en épidémiologie**[158]
Planet Update	**Éco-capsule**[159]
Update	**Dernières nouvelles**[160]
CIDA Update	**Nouvelles de l'ACDI**[161]
Economic Update	**Conjoncture[s]**
Allergy Update	**Info-allergies**

[157] Bureau de la Traduction du Canada.
[158] Agence de santé publique du Canada.
[159] Environnement Canada.
[160] Affaires indiennes et du Nord Canada.
[161] Agence canadienne de développement international.

b) LE MOT *UPDATE* FIGURE DANS UN TITRE DE DOCUMENT EN TANT QUE MOT DESCRIPTIF

Si le mot *update* figure dans un titre de document, mais plutôt à titre descriptif que dénominatif, le mot **mise à jour** pourrait davantage convenir, mais certaines solutions de rechange paraissent encore préférables et plus idiomatiques.

Update on Varicella	**Le point sur la varicelle**
Pollution in Canada : An update	**La pollution au Canada, état des lieux**
Update on our Project[162]	**Nouvelles de notre projet**

Update of the Railway Research Program
Bulletin d'information sur le programme de recherche sur les chemins de fer

À noter que, dans ce dernier cas, « Mise à jour du programme... » aurait donné lieu à un faux sens.

On peut aussi utiliser l'expression **point d'information** :

Croix-Rouge : point d'information sur le procès en appel de Reda Sadki face aux médecins du Centre du Moulin-Joly[163]

Mesure intellectuelle et déficience visuelle : point d'information[164]

c) LE MOT *UPDATE* FIGURE DANS UN TITRE DE RUBRIQUE

Le mot *update* figure souvent aussi dans les titres de rubrique, notamment dans les procès-verbaux. Encore une fois, le mot **mise à jour** n'est pas nécessairement fautif, mais il est peu idiomatique. Ici, les solutions préconisées dans la section précédente (**point d'information, le point sur..., état des lieux**) pourraient faire l'affaire, mais il est plus conforme à l'usage en français de carrément laisser tomber le mot ou, plus exactement, de le laisser implicite.

Financial Update	**Finances**
Events Update	**Activités**
Personnel Update	**Personnel**

En cas de besoin, le mot **état**, employé seul ou, plus souvent, en syntagme, fournit également dans certains cas une solution courte et idiomatique :

[162] Comme objet de note de service ou de message électronique, par exemple.
[163] http://www.survivreausida.net/a6175.
[164] Institut Nazareth et Louis-Braille, www.inlb.qc.ca.

Status Update	**État de la situation**
Security Update	**Sécurité – État de la question**
Update on Legal Aid Issues	**État des problèmes concernant l'aide juridique**

Implementation of Canadian Health Survey: Update on milestones
État d'avancement du programme d'enquête sur la santé des Canadiens

d) LE MOT *UPDATE* FIGURE DANS LE TEXTE

On oublie trop souvent que le mot **réviser** – que l'on finit par négliger à force de l'éviter pour traduire *to review* – convient généralement tout à fait pour traduire *to update*; ce mot est à la fois plus court et plus idiomatique que **mettre à jour**.

Personnel policies are regularly updated and approved by the Board.
Les politiques concernant le personnel sont régulièrement révisées et approuvées par le Conseil.

Sharon advised members that the course material is ready for final update as soon as Bill C-10 passes.
Sharon indique que la documentation du cours sera prête pour une révision finale dès que le projet de loi C-10 aura été adopté.

Par ailleurs, l'idée de « mise à jour » véhiculée par *update* peut souvent rester implicite, surtout dans un procès-verbal :

Leanne provided an update on the volunteer structures review.
Leanne traite de l'examen des structures bénévoles.

Peter provided an update on the job evaluation process.
Peter rend compte du processus d'évaluation des postes.

Mel provided an update to his written report.
Mel complète son rapport écrit en ajoutant des nouvelles récentes.

Karen provided her Executive Director report, which included updates on:...
Karen présente son rapport de la direction générale, qui porte sur les points suivants :...

Update from our intern:...
Message de notre stagiaire :...

The purpose of this paper is to provide an update on the changes recently introduced by the Department in relation to…
Le présent document fait état des changements récemment apportés par le Ministère relativement à...

I also want to update you on our progress on other fronts.
Je voulais aussi vous informer des progrès accomplis dans les autres domaines.

➢ VIA

Il est incorrect d'utiliser le mot **via** autrement que pour des indications d'ordre géographique. Ainsi, on ne dira pas « J'ai trouvé la réponse via ma calculatrice ».

Toutefois, il ne faut pas non plus verser dans la surcorrection et bannir entièrement ce mot en toutes circonstances. Ainsi, la phrase suivante est tout à fait correcte :

> **Ce traducteur a des clients au Mexique, au Venezuela et au Salvador via les États-Unis et le Canada.**

Notons que le fait de corriger la phrase ainsi pourrait en modifier le sens :

> « Ce traducteur a des clients au Mexique, au Venezuela et au Salvador en passant par les États-Unis et le Canada. »

En effet, la première phrase laisse entendre que le traducteur passe par des intermédiaire états-uniens et canadiens pour faire affaire avec ses clients d'Amérique latine. Paradoxalement, la seconde donne plutôt l'impression que les États-Unis et le Canada sont deux éléments supplémentaires qui s'ajoutent à l'énumération commencée par les trois pays d'Amérique latine.

➢ *VS, VERSUS*

Nombre d'ouvrages de correction dénoncent l'utilisation fautive de l'abréviation **vs** dans le sens de « contre », par exemple dans le domaine du sport ou du droit. Ces mises en garde ne doivent pas inciter le traducteur à bannir entièrement de son vocabulaire cette expression pratique, qui est répertoriée dans *Le Petit Robert* au sens d'« opposé à », « par opposition à ». Ainsi, il est tout à fait correct d'écrire, par exemple :

Le travail salarié vs la pratique privée
La réalité vs la perception

On réservera cependant cette abréviation aux contextes télégraphiques, par exemple dans des titres ou des tableaux. Voici des exemples où le mot *versus* n'est pas traduit par **vs** :

Survey results show that respondents to complaints are less confident than complainants that the arbitration officer will proceed in an impartial manner (56% versus 88%).
Le sondage révèle que les mis en cause sont moins convaincus que les plaignants de l'impartialité de l'arbitre (56 % contre 88 %).

The Department's standard of resolution within 60 days (versus the Treasury Board standard of six months) is unrealistic.
La norme établie par le Ministère comme délai de règlement, soit 60 jours (par opposition à la norme de six mois pour le Conseil du Trésor) est utopique.

What does a "poverty lens" mean for debates on country classifications versus other approaches?
Comment appliquer le « prisme de la pauvreté » au débat sur la classification des pays par rapport aux autres formules?

This is the case with micro-credit, where the provision of credit on the basis of group guarantees, versus traditional collateral in the formal economy, needed to be accepted.
Pensons au cas du microcrédit, qui s'appuie sur les garanties collectives au lieu de reposer sur les nantissements traditionnels de l'économie officielle.

The curricula differ considerably, however, in the degree to which they emphasize knowledge about global issues and human rights agreements versus development of civic participation skills and values.
On note toutefois des différences substantielles entre les programmes d'étude en ce qui concerne l'importance respective accordée, d'une part, à l'acquisition de connaissances sur les réalités planétaires et sur les droits de la personne et, d'autre part, à la transmission d'habiletés et de valeurs de participation civique.

Many desire to move beyond stereotypes about the role of the private sector versus the role of NGOs.
Beaucoup souhaitent faire éclater les stéréotypes concernant la répartition des rôles entre les ONG et le secteur privé.

I strongly agree with this forum versus trying to get everyone buying in on your idea.
J'appuie entièrement ce type de forum, où il ne s'agit pas d'imposer son idée à tout le monde.

Figure 4–Current versus proposed programming budget requirements
Figure 4 – Comparaison des ressources budgétaires du programme actuel et du programme proposé

People Versus Profits
La personne humaine ou le profit

Union Versus Organizational Responsibilities
Syndicat et responsabilités organisationnelles

À noter que **vs** ne prend pas de point.

Index

Préoccupé par le caractère pratique du présent ouvrage, nous avons préféré, dans notre index, pécher par excès plutôt que par économie. On trouvera donc dans les pages qui suivent un répertoire exhaustif des termes et des thèmes qui sont traités dans le corps de l'ouvrage.

Toujours pour simplifier la recherche, nous avons unifié en un seul index termes anglais, termes français, termes critiqués et sujets théoriques. Pour faciliter la distinction entre ces éléments hétéroclites, nous avons utilisé les mêmes conventions typographiques que dans le reste de l'ouvrage : les termes français sont présentés en caractères gras et les termes anglais en italique. Les termes critiqués sont encadrés de guillemets français. Les sujets théoriques (p. ex. : ordre des mots) sont composés en caractères ordinaires.

À chaque terme ou sujet correspond un renvoi à l'article ou aux articles où il figure. Si possible, la sous-section en cause est indiquée par une lettre conformément au plan de l'ouvrage. S'il n'y a aucune lettre, c'est que le terme est traité dans l'ensemble de l'article cité.

Conformément aux règles de la lexicographie, les termes sont généralement présentés au singulier. Il arrive cependant que l'on indique la forme plurielle seulement, ou encore les deux formes, lorsque la distinction entre les deux est importante, ou lorsque cette question est justement celle qui fait l'objet de l'article (p. ex. : **drogue/drogues**).

VOIR RUBRIQUE

VOIR RUBRIQUE

VOIR RUBRIQUE

VOIR RUBRIQUE

VOIR RUBRIQUE

VOIR RUBRIQUE

VOIR RUBRIQUE

VOIR RUBRIQUE

VOIR RUBRIQUE

VOIR RUBRIQUE

VOIR RUBRIQUE

VOIR RUBRIQUE

VOIR RUBRIQUE

VOIR RUBRIQUE

VOIR RUBRIQUE

VOIR RUBRIQUE

VOIR RUBRIQUE

VOIR RUBRIQUE

VOIR RUBRIQUE

VOIR RUBRIQUE

VOIR RUBRIQUE

VOIR RUBRIQUE

VOIR RUBRIQUE

VOIR RUBRIQUE

Du même éditeur

Dictionnaires, vocabulaires et autres ouvrages de référence

ARCHIBALD, James (sous la direction de), *La localisation – Problématique de la formation*, 2004.

CAIGNON, Philippe, *Vocabulaire et cooccurrents de la comptabilité*, 2001.

COHEN, Betty, *Lexique des cooccurrents – Bourse et conjoncture économique*, 1986.

DUBUC, Robert, *Vocabulaire bilingue de la publicité – anglais-français, français-anglais*, 1991.

MEYNARD, Isabelle, *Internet – Répertoire bilingue de combinaisons lexicales spécialisées français-anglais / Bilingual Inventory of Lexical Combinations English-French*, 2000.

POIRIER, Éric, *Le Bestiaire – Dictionnaire bilingue et analogique des expressions animalières de la langue anglaise / Bilingual Dictionary and Thesaurus of Beastly Idioms in English*, 1995.

ROULEAU, Maurice, *Est-ce* à, de, en, par, pour, sur *ou* avec*? – La préposition vue par un praticien*, 2002.

Ouvrages didactiques

AVOLONTO, Aimé, *Au contact des mots*, 2004. Pour l'enrichissement du vocabulaire des étudiants en français langue seconde.
– *Corrigé des exercices*, 2004.

DUBUC, Robert, *Manuel pratique de terminologie*, 4e édition, 2002.
– *Terminology–A Practical Approach*, 1997. Adaptation d'Elaine Kennedy.

DUBUC, Robert, *En français dans le texte*, 2e édition, 2000. Pour la maîtrise du vocabulaire et des structures du français par l'identification des interférences de la langue anglaise.

DUBUC, Robert, *Une grammaire pour écrire*, 1996.
– *Solutionnaire des exercices d'*Une grammaire pour écrire, 1998.

HORGUELIN, Paul et Louise BRUNETTE, *Pratique de la révision*, 3e édition, 1998.

HORGUELIN, Paul, *Traducteurs français des XVIe et XVIIe siècles*, 1996.

HORGUELIN, Paul, *Structure et style*, 1985.

HOSINGTON (THAON), Brenda et Paul HORGUELIN, *A Practical Guide to Bilingual Revision*, 1980.

L'HOMME, Marie-Claude. *Initiation à la traductique*, 2000. Pour la compréhension des traitements automatiques appliqués à la traduction.

ROULEAU, Maurice, *Initiation à la traduction générale – Du mot au texte*, 2001.

Langues de spécialité

BÉDARD, Claude, *La traduction technique – Principes et pratique*, 1986.
– *Cahier de solutions des exercices*, 1987.
– *Guide d'enseignement de la traduction technique*, 1987.

LECLERC, Jacques, *Le français scientifique – Guide de rédaction et de vulgarisation*, 1999.

ROULEAU, Maurice, *La traduction médicale – Une approche méthodique*, 1994.
– *Livre du maître*, 1996.

TREMBLAY, Gilles, *L'ABC du style publicitaire français*, 1982.